Christbaum kaufen, baden gehen

Ernst Molden

Christbaum kaufen, baden gehen

Traditionen zum Richtigmachen

Mit einem Vorwort von Oliver Lehmann
und Illustrationen von Helmut Pokornig

Deuticke

Für Veronika

Einkehr und Entgrenzung

Vorwort von Oliver Lehmann

Almanach:
„Alte und neue Bräuche", auch „Brauch und Rauch" genannt: verfasst von Ernst Molden. Erschien zwischen Februar 1999 und Dezember 2003 in jeder der zehn jährlichen Ausgaben des Universum Magazins. Auf eine kurze, lexikalische Abhandlung, gegebenenfalls historischer Natur, folgt eine ausführliche, immer persönlich durchwirkte Glosse, welche die Bedeutung des Brauchs für die Gegenwart und den Verfasser ausführt. Der A. im vorliegenden Falle zeichnet sich durch absolute Kontinuität bei gleichzeitiger Originalität aus. Im tendenziell zwischen reaktionärer Manifestation (→ div. Sonnwendbräuche) und marketenderischer Animation (→ Halloween) oszillierenden Begriff der Folklore legt der Verfasser durch seine diskret vorgetragene Kenntnis bei gleichzeitiger spielerischer Dekonstruktion bemerkenswerterweise eine so nicht vermutete Zeitgenossenschaft zwischen Brauch und Leser frei.

Am Anfang stand ein dem Universum Magazin eigenes Problem, jenes der zeitlosen Schönheit. Das hängt mit der Themenpalette zusammen: Das Paarungsverhalten der Pandas oder die Entschlüsselung des Genoms der *Arabidopsis thaliana* weisen so weit über den Erscheinungszeitraum hinaus, dass sich die Ausgaben jeder gehetzten und also hetzerischen Aktualität verweigern. Die Käufer honorieren diese Entschleunigung bis heute damit, dass sie die Hefte nach Gebrauch nicht entsorgen, sondern mit einer bemerkenswerten Hingabe sammeln. Um aber zu verhindern, dass das Universum Magazin die Gravität eines monatlich zu erweiternden Sammelwerks annahm, sollten – so die Überlegung im Herbst 1998 – jahreszeitliche Bezüge hergestellt werden: Alte und neue Bräuche boten sich zwecks saisonaler Verknüpfung der jeweiligen Ausgabe mit dem Kalenderstand an.

Was nach Abschluss dieser Überlegungen folgte, ist das übliche Drama der Lohnschreiberei: Redaktion heckt ein Thema aus, findet dafür einen Autor (im gegenständlichen Fall einen studierten Volkskundler mit gutem fachlichen wie privaten Leumund). Gemeinsam wird im Dezember 1998 eine Themenliste entwickelt. Der erste Abgabetermin im Jänner 1999 rückt näher – und verstreicht, ohne dass sich Spalten im Erdmantel auftun. Der Autor taucht ab, lässt sich von Familie und Institutssekretariat verleugnen. Die apokalyptischen Reiter versagen ihre Dienste. Der Chefredakteur beschließt, den auserkorenen Autor mit Verachtung und (wenn die Gelegenheit günstig ist) mit Schlägen zu strafen. Ersatz wird gesucht. Ernst Molden – zuvor als Verfasser von drei ebenso kenntnisreichen wie angeschrägten Reportagen im Magazin angenehm aufgefallen – erklärt sich kurzfristig bereit. Seine Vergangenheit als Tageszeitungsredakteur und Zirkuspferd gestattet ihm die nicht nur auf den ersten Blick leichtfertig anmutende Zusage, Monat für Monat – gedacht war zumindest bis Ende des

Jahres 1999 – 2900 Anschläge (inkl. Leerzeichen) rechtzeitig (!!!) abzuliefern.
Vier Jahre später haben wir es mit einer Kolumne über das Brauchtum zu tun, die inzwischen selbst zum Brauch geworden ist. Das ist nicht wenig – und ebenso gefährlich. Zum Wesen von Bräuchen gehört es, dass ihre ursprünglichen Motive in Vergessenheit geraten, bis sie schließlich als Inszenierung ihrer Inhaltlosigkeit in den Sucher einer Videokamera, in den Katalog des Fremdenverkehrsvereins, in die Identitätsstiftung eines Parteiprogramms passen. Die Retrospektive im Falle Moldens beweist, dass diese Befürchtungen unangebracht sind.
Molden beginnt im Februar 1999 seiner Natur entsprechend furios: „Funken: Jahresfeuer am ersten Fastensonntag (Hollepfannsonntag) in Vorarlberg, West- und Südtirol." Die Zweifel, ob Molden mit seiner Interpretation der Dinge richtig liegt, beseitigt Frau Erika Krieg aus Bürserberg-Tschengla mit ihrem Leserbrief: „Ihr Almanach-Beitrag darf nicht unwidersprochen bleiben (…). So sind die Kinder nicht mürrisch, sondern können oft den Abend mit dem brennenden Funken und dem Fackelschwingen kaum erwarten. Zudem fressen sie sich nicht mit den ‚gefährlich fetten Funkenküchli' voll. (…) Es sind Hefeküchlein oder Polsterzipfe, die in Fett gebacken werden, wie die Krapfen – oder die ‚gefährlich fetten' Wiener Schnitzel."

Derart bestätigt, bekennt sich Molden schon in der zweiten Ausgabe offen zur Befassung mit „österreichischen Fressbräuchen“; in jenem Falle mit den gekratzten Eiern, wie sie anlässlich des Osterfestes in burgenland-kroatischen Gemeinden noch hergestellt werden. Im Lauf des ersten Halbjahres sind schließlich alle Themenkreise erwähnt und der Leserschaft vorgestellt: Neben den Fress- und Trinkbräuchen (→ Martini, → Maroni, → Weinlese) sind das die religiös motivierten Rituale monotheistischer (→ Fronleichnam, → Channuka, → Ramadan) beziehungsweise heidnischer Natur (→ Funken). Dazu kommen die in der Volkskultur verwurzelten Riten wie der Maibaum oder das Klosterneuburger Fasslrutschen. Und schließlich die sogenannten neuen Bräuche: Also das Wechseln der Winterreifen ebenso wie die Eröffnung der Freibad- und der Eissalonsaison, das Bärlauchpflücken wie die Entscheidungsprüfung.
Mieselsüchtige Einwände, was denn diese Alltagssorgen und -freuden mit den Festtagen zu tun hätten, zerschellen spätestens bei der Lektüre des Dezemberbrauchs des Jahres 2002: Wie von der Hand des Großen Magiers geleitet, kollidiert dort der profane Ritus des Hasardierens beim Christbaumkauf mit dem nachvollziehbaren Begehr nach weihnachtlicher Eintracht. Das Ergebnis ist eine Implosion von kosmischen Dimensionen, die über eine existenzielle Abrechnung mit dem Begriff der

Freundschaft zu einer Begegnung mit dem Baum der Erkenntnis führt.
Möge also niemand sein mürrisches Haupt erheben und anmahnen, der Winterreifenwechsel habe nichts mit Brauchtum zu tun. Was aber ist ein Brauch? Versuchen wir's damit: ein außergewöhnliches, den Rahmen des Alltags sprengendes Ereignis, in zyklischer Abfolge mit festivem, ja zeremoniellem Charakter, kollektiv erlebbar, eben so oft Einkehr und Reflexion einmahnend wie Rausch und Entgrenzung ermöglichend, fast immer mit versöhnlicher Note.
Und das lässt sich auch über Moldens Texte sagen.

Jänner

C + M + B

Sternsingen:
weit verbreiteter Heischebrauch rund um den Dreikönigstag (6. Jänner, Epiphania Domini, alter Jahresbeginn). Kinder oder Jugendliche vazieren in der Verkleidung der Heiligen Drei Könige Caspar, Melchior und Balthasar durch ihre Gemeinden, singen und sammeln Geld für karitative Zwecke.

Sonja war kurz im Lande, wieder einmal, um eine Ausstellung über die Arbeit in Guatemala vorzubereiten. Jetzt ist sie schon wieder drüben als Koordinatorin der österreichischen Guatemala-Initiative. Mit bis zu einem halben Dutzend Mitarbeitern greift Sonja den seit Jahrhunderten unterdrückten Indianern des kleinen zentralamerikanischen Landes unter die Arme. Infrastruktur-Assistenz wird den über zwanzig Indigena-Völkern Guatemalas ebenso geleistet wie Prozessbegleitung in jenen Verfahren, die die Opfer der Militärdiktaturen der 1970er und 1980er Jahre gegen ihre Peiniger anstrengen.

Die Initiative existiert seit bald einem Jahrzehnt; was allerdings ihre Zukunft angeht, hat Sonja

Sorgen: Bis zu vier Zivildiener des österreichischen Innenministeriums arbeiteten bis dato gleichzeitig in Guatemala, geht es nach den Plänen der Regierung, wird es diese bald nicht mehr geben. Ein mühevoll aufgebautes System ist in Gefahr. Dass Sonja selbst noch vor Ort bleiben kann, dankt sie einer der liebenswertesten österreichischen Schnorr-Traditionen: der Dreikönigsaktion.

Die Bibelforschung verbringt viel Zeit damit, die Identität der sagenhaften Heiligen Drei Könige zu klären. Könige waren es wohl kaum, die Bezeichnung „Weise aus dem Morgenland“ kommt den Krippenbesuchern sicherlich näher, möglicherweise waren es auch ganz einfach fahrende Kaufleute, die in den Wirren der judäischen Volkszählung im Jahre Null ebenso kein Quartier fanden wie der Nazarener Zimmermann Josef mit seiner sich eben in Vergrößerung befindlichen Familie.

Aber die Legende von den reisenden Aristokraten, die von einem Kometen direkt an das Strohlager des neugeborenen Messias geführt wurden, ist eines der glamourösesten Details der Christnachtgeschichte. Tausende Kinder und Jugendliche, die, seit Jahrzehnten von der katholischen Jungschar koordiniert, um den 6. Jänner in die Häuser und Wohnungen singen kommen und die berühmte Dreikönigs-Chiffre mit weißer Kreide auf die Türstöcke schreiben, füttern mit ihren Spenden eine

Schar von Initiativen, die denjenigen von „Licht ins Dunkel“ kaum nachstehen.
Auch Sonja kann, wenn alles gut geht, wieder ein Jahr lang ihre Arbeit in Guatemala-Ciudad machen. Auf jeden Fall im Sinne von Caspar, Melchior und Balthasar, die, wenn schon keine Könige, eines ganz sicher waren – Reisende und also Kosmopoliten.

Mond der schönen Entbehrung

Zum Beispiel Jänner –
Ramadan:
islamischer Fastenmonat, beginnend mit dem neunten Mond des islamischen Mondkalenders. Den Gläubigen ist die Aufnahme von fester Nahrung und Flüssigkeit von Sonnenaufgang bis Sonnenuntergang verboten.

Die meisten großen Religionen haben in ihren rituellen Jahreskreisen so etwas wie ein oder mehrere obligatorische Wartezimmer, möbliert mit den Erschwernissen des Verzichts. Beispiele aus der größten heimischen Gläubigengruppe? Die Katholiken warten den Advent hindurch auf Weihnachten (die Ankunft des Erlösers). Oder sie warten die Fastenzeit hindurch auf Ostern (auf seine Auferstehung). Ein Beispiel aus der – laut Volkszählung 2001 – zweitgrößten Gläubigengruppe Wiens? Moslems warten im Ramadan einen Monat lang jeden Tag auf die untergehende Sonne, um essen zu dürfen. Die Entbehrung ist im Koran wesentlich verbindlicher vorgesehen als in den Richtlinien für jene Zeitspanne im christlichen Jahr, die immerhin noch nach dem Fasten benannt ist. Für dem Mos-

lem ist es Pflicht: Solange die Sonne am Himmel steht, darf einen Monat lang nichts gegessen und getrunken werden. Das gilt für alle außer: Kranke, Schwangere, Reisende. „Gläubige, Fasten ist euch ebenso vorgeschrieben, wie es jenen vorgeschrieben war, die vor euch lebten", ordnete der Prophet Mohammed selbst im Vers 185 von al-baqara, der zweiten Sure des Korans, an und lieferte den Grund gleich mit: „Auf dass ihr euch schützt. (...) Fasten ist gut für euch, wenn ihr es begreift."
Entbehrung macht weise, sagen die einen. Entbehrung macht schön, die anderen. Entbehrung ist schön, sagen die wenigsten. Ich denke an jene märchenhaft hermetische Winterreise, die meine Frau und mich wochenlang in einem rostigen Peugeot durch den marokkanischen Ramadan führte. Die meisten Teilnehmer am Ramadan waren durchwegs schlecht gelaunt. Ich erinnere mich, wie wir untertags nur noch Butterkekse im fest verschlossenen Auto mümmelten, um nicht aufzufallen, und wie uns unser Hausherr in Marrakesch auf seine harira einlud, die Suppe, mit der abends das Fasten gebrochen wird, die feisteste Suppe der Welt.
Ich weiß nicht, ob man diese Suppe hier kriegt, aber ich habe zu meinem Entzücken gehört, dass moslemische Kinder bei uns kleine Ramadan-Kalender bekommen, Entsprechungen zum Adventkalender der kleinen Christen, hinter den Türen jedes Tages befindet sich ein Stückchen

Schokolade, nach Sonnenuntergang zu verzehren. In der Kinderarbeit werden die Konfessionen letztendlich doch recht ähnlich.

Von besseren Menschen und Schweinehunden

Bilanz der guten Vorsätze:
Der Löwenanteil jener Menschen, die zu Neujahr Vorsätze betreffend Gesundheit, Karriere, Beziehung oder Sonstiges gefasst haben, zieht einen Monat später Bilanz. Im Fall des Scheiterns wird gern auf die kommende Fastenzeit verwiesen.

Vor ein paar Wochen, wissen Sie noch, haben Sie sich viel damit auseinander gesetzt: Es ging um die Veränderung Ihres Lebens. Den Ihren gegenüber haben Sie Ihren Plan als Vorsatz bezeichnet. Bei einem Buch bedeutet der „Vorsatz" das meist unbedruckte, manchmal mit Ziermotiven versehene Doppelgeviert aus Papier, dieses eingeklebte Futter des Buches sozusagen, das sich von der Innenseite des Einbands, einer Decke gleich, über den Packen noch ungelesener Seiten streckt. Wer den Vorsatz aufgeschlagen hat, hat noch alles vor sich: Dieses Buch könnte nicht schlecht sein.
Dieses Jahr könnte nicht schlecht sein. Wir haben unsere Vorsätze also zuerst betrachtet, dann einen oder mehrere von ihnen gefasst. Wir wollten weniger, nicht mehr rauchen, weniger, nicht mehr trin-

ken (nur ganz wenige wollten mehr trinken, weil sie sich davon irgendwas versprachen), weniger, nix mehr einstecken war auch so ein schöner, trauriger Plan. Andere wollten ihr Leben, ihre Karriere, ihre Liebe, ihre Familie in den Griff kriegen, auch so was ist Vorsatz. Viereinhalb Wochen sind vergangen, wir stehen Anfang Februar, und der Vorsatz hat seine Zeit gehabt. Sind wir ihm gefolgt, dann ist er oder doch sein Inhalt jetzt Lebensteil geworden und eigentlich nicht mehr der Rede wert.

Sind wir ihm nicht gefolgt, wird er vergessen, gut so, weshalb sich grämen, allzu katholisch sein und die Schuldfrage auch noch erörtern? Unbefolgte Vorsätze werden vom Bewusstsein zu Recht entsorgt wie ein ganz und gar schlechtes Buch. Seien wir ehrlich: Die meisten scheitern. Unlängst saß eine Runde dennoch guter Menschen nach insofern endgültig erfolgtem Jahresbeginn bei uns. (Ein paar hatten neue Sachen an – fällt Ihnen auf, dass das Ende des guten Vorsatzes mit dem Ende des Schlussverkaufs zusammenfällt?) Endlich sprach keiner mehr von Vorsätzen, man redete von Lebensqualitäten: F., unser Nachbar und Hausfreund, bemerkte: Gut essen, yogisch wandeln, jeder Schritt bewusst. Ein g'scheiter Steuerberater ist wichtig, sagte seine K., F.s Liebste. Regelmäßige Absprünge sind auch wichtig, sagt F. Runter vom Karussell! Sich spüren, sage ich leer. Wir loben die Zwiebelsuppe meiner Frau als vorsatzlos gut.

Februar

Die Vertreibung des Winters

Funken:
Jahresfeuer am ersten Fastensonntag (Hollepfannsonntag) in Vorarlberg, West- und Südtirol. Die Entzündung von Feuersäulen bei Einbruch der Dunkelheit ist bis ins Mittelalter historisch belegt, heute wird der Brauch von „Funkenzünften" organisiert. Bedeutung: Austreibung des Winters. Feldforschung: Schruns/Montafon (Vbg.).

Blasmusikklänge verhallen in den Felsen des Tals, über dem die dräuende Wolkendecke nicht mal zur Abendstunde ein Stück zur Seite gehen will. Mürrische Kinder stopfen sich ungeduldig gefährlich fette „Funkenküchli" in den Mund.
Noch immer dauert die Dunkelheit bis spät in den Tag. Und dieser selbst nur kurz. Es ist kalt, es liegt Schnee. Oder nicht einmal das. Westösterreichischer Winter jenseits aller Romantizismen, das bedeutet: *Night on Earth*. Eine per se freudlose Zeit, die dann auch noch schamlos lange dauert.
Aber plötzlich fliegt der Funken. Ein Feuerturm erhellt die Nacht. Die darauf befestigte Hexenpuppe explodiert (oder auch nicht), was Glück (oder auch Verdruss) bedeutet. Noch ein Feuerturm, noch

einer. Die Täler, vermeint der Zuseher, glühen nun. Und die vollgefressenen Kinder sind einen kurzen Augenblick besserer Laune.
Wintermüdigkeit ist den Mander- und Weiwaleuten von den hohen Bergen schwer zu verdenken. Die Unglücklicheren haben nur den Obstler. Die Glücklicheren zusätzlich ihren Brauch.
Ein Fastnachtsbrauch ist nicht nur heidnisch und geheimnisvoll, er wird zudem auch von Wintertouristen (in Tirol auch schlicht „Fremde“ genannt) gern beschaut.
Und da, in der allgemeinen Glückseligkeit, dämmern die Paradoxa: Will man den Winter jetzt los sein oder nicht? Aber die heiligen „Fremden“, weshalb sind die denn gekommen? Nicht etwa wegen des Winters? Wegen des Schnees?
Sind die Schiachperchten jetzt eigentlich anachronistisch? Ist der Sommer jetzt böse, weil er zwei Wintersaisonen voneinander trennt? Oder, nach einem weiteren Obstler andersherum gedacht: Sind die Touristen und die Dämonen des Winters vielleicht dasselbe?
Es ist, um einen entschieden ostösterreichischen Ausdruck zu bemühen, alles eher kompliziert. Es wird darüber viel getrunken.
Die letzte Glut erkaltet. Die Kinder rülpsen. Blasmusikklänge verhallen in den Felsen des Tals.

Der Duft am Ende aller Bälle

Ballgulasch:
saftige Paprika-Fleischspeise, üblicherweise vom Rind, die traditionell am Ende österreichischer Bälle den Gästen verabreicht wird. Das Gulasch als Dämmerungsfrühstück dient der Ernüchterung, der Stärkung und schließlich der Versicherung der Gäste, ihr Heimatland auch nach hundertfünfzig Tänzen noch nicht hinter sich gelassen zu haben.

Manchmal landen die Redakteure Volltreffer, wie etwa jener, der bei mir, als ich eben von den Weihnachtsferien zurückkam, eine Kolumne zum Thema Bälle bestellte. Meine Weihnachtsferien hatten mich nach Zentralamerika gebracht. Dort wird der Mensch weich. Ich sagte dem Chefredakteur zu.

Oh: Dabei hasse ich Bälle. Ja, wirklich, obgleich ich nach Wienerischem fast aller Art mittelschwer süchtig bin, hasse ich genau diesen Aspekt daran.

Ich mochte schon an der Tanzschule die Aussicht nicht, dass an ihrem Ende ein Ball stehen sollte, und habe mich vielleicht deshalb jahrelang vom Paartanz abgewandt. An meinem eigenen Maturaball interessierte mich einzig die um Mitternacht auftretende Band. Als ich vor rund sieben Jahren für ein anderes Heft, eins aus der Schweiz, über die Wiener Bälle berichten sollte, wurden bei der Recherche alle meine Animositäten gegossen wie ein Beet im April: Der kommunikative Teil des Balles ist oberflächlich, die Akustik ist schlecht, auch wenn die Musik einmal besser sein sollte, und selbst wenn es mein Wunsch gewesen wäre zu tanzen, wäre stets zu wenig Platz gewesen.

Aber dem Chefredakteur ist dies alles egal. Ich weiß nicht, wo er Weihnachten war. Jedenfalls ist er hart.

Ich lese die irgendwie verdrießlich geschriebene Reportage von damals. Es muss doch auch etwas Nettes … Ja.

Fast am Schluss finde ich das Wort. Den Namen dessen, was ich an Bällen liebe. Es ist ein ungarisches Wort, auch wenn das damit bezeichnete österreichische Gericht mit dem ungarischen wenig zu tun hat.

Es heißt Gulasch. Rindsgulasch. Ballgulasch.

Glauben Sie mir: Auf Bällen taucht mitunter das beste Gulasch der Welt auf. Besser als im Café „Alt Wien“. Selbst besser als im Gasthaus „Zum Sieg“ in der Leopoldstadt. Warum das so ist? Nun, weil die Köche sonst nichts zu tun haben. Und die Veranstalter wissen, dass es stets der letzte Eindruck ist, der zählt.

Ab zum Gschnas!

Gschnasfeste:
namentlich in Wien von Wirten, Firmen oder Freundeskreisen veranstaltete Kostümfeste mit ausschweifendem Verlauf. Das Gschnasfest, als proletarisches Äquivalent zum Maskenball, liegt gewöhnlich in der letzten Faschingswoche vor dem Aschermittwoch. Als Höhepunkt wird gern das beste Kostüm des Abends prämiert.

Entdeckungen zu Jahresbeginn. Mark Twains Südstaaten-Rotzpippn Tom Sawyer und Österreichs *Señor Sonor* Ernst Grissemann haben tatsächlich etwas gemeinsam: Sie sind Knechte einer rituellen Kostümierung. Zunächst Tom Sawyer: Wir erinnern uns, dass er allsonntäglich von Tante Polly in Sonntagsanzug, Pflanzerstrohhut und Schuhe (!) gezwungen wird, damit er den Tageszielen Sonntagsschule und Kirche gerecht werden kann. Das Kostüm – Tom kommt sich tatsächlich verkleidet vor – ist dem Träger dabei ebenso verhasst wie die Orte seiner Rechtfertigung. Alles in Tom Sawyer strebt zurück in die zerrissene Latzhose, ins Ruderleiberl und barfuß ans Ufer des Mississippi.

Und dann Ernst Grissemann. In „Schöner Leben", der ungleich schlechter betitelten Nachfolgesendung des „Seniorenclubs", konnten wir die Stimmlegende in jüngster Vergangenheit in knallroter Toga und unter der Bedeckung eines Lorbeerkranzes betrachten. Der Grund: Grissemann hatte über Gschnasfeste gesprochen und wollte zu Sendungsende glaubhaft machen, dass er nun eins besuche. Die erschrockene Winterweißhaut des Mitteleuropäers, von der ORF-Maske sträflich vernachlässigt, kam da zwischen den Falten des antiken Kleides zum Vorschein, und auch sonst sah Grissemann nicht wie ein glücklicher Mann aus, sondern wirkte vielmehr, ähnlich wie Tom Sawyer, zutiefst fremdbestimmt. Trotz eines dünnen Lächelns sehnte er sich ganz offensichtlich nach Kaschmirpullover, Schnürlsamthose und Sportsakko. Hätte er es doch anbehalten!

Hier nämlich ist die Nachricht an alle Gschnas-Besucher: Kostüme, die nicht mit dionysischer Hingabe getragen werden, wirken trist. Heimische Faschingsbräuche haben ihre Wurzeln in alter bäuerlicher Kultur, in höfischen Zeremonien und in den frühneuzeitlichen Narrenfesten der Zünfte. Auch wenn das aktuelle „Österreich-Lexikon" an unseren Faschingsbräuchen eine „Tendenz zur Vereinheitlichung, beeinflusst durch die Formen des rheinischen Karnevals und des Villacher Faschings" beklagt, so liegt das Wesen des Faschings

doch im Rausch, im Taumel, im kollektiven Tanzen und Vergessen.
Soll heißen: Wer nicht vorhat, sich so richtig gehen zu lassen, bleibt am besten so angezogen wie immer. Auf einem Gschnasfest kann er wenigstens davon ausgehen, dass das, was er trägt, zum ersten Mal von allen bemerkt wird.

Russen im Glas

Heringschmaus:
kulinarisches Jahresritual am Anfang der Fastenzeit. Durch das ostentative Verzehren sehr vieler Heringe wird der Beginn der Entbehrung markiert (und gleichzeitig der Kater der Faschingstage nach Kräften vertrieben).

„Wenn ich ein' Hering hätte / In der Früh um sieben“, eröffnet Georg Kreisler eines seiner lustigsten Chansons und lässt auf diese Voraussetzung die Schilderung eines geradezu idealen glücklichen Tages folgen; der verspeiste Hering verzaubert seinem Verzehrer das Leben, der Sänger vergöttert seine Vorgesetzten und selbst seine Frau: „Wenn ich abends dann im Bett / Noch ein zweiten Hering hätt', / Wär ich effektiv verliebt in meine Frau!“
Das war noch Umgang mit Heringen, Heringskultur geradezu. Aber jetzt? Der Hering fällt dem Österreicher zufällig ein, der Autor dieser Zeilen beispielsweise gesteht, in intensiven Arbeitsphasen zu einem Glas so genannter Russen zu greifen, also marinierter Heringe mit Zwieberln, die isst er dann

quasi ex, der Autor, und übersieht, dass das, was er als Weite des nordischen Meeres in seinem Inneren spürt, seine Familie als Zwiebelfahne umflattert.
Aber so ein Glas ist rasch verspeist, und schon verschwindet dieser reizende und nahrhafte Fisch aus unserem Bewusstsein. Es sei denn, wir besinnen uns auf jenen Fressbrauch, den wir von unseren Nachbarn in Deutschland gerne übernommen haben: den Heringschmaus. Es ist natürlich bizarr, eine vierzigtägige Periode bewusster Entbehrung mit dem kollektiven Verschmausen ausgesucht feister Fische zu eröffnen, was aber als Wurzel des Heringschmauses zählt, ist seine Fleischlosigkeit im alten Sinne (damit ohne Verbindlichkeit für Hardcore-Veggies und Makrobioten).
Überdies steht der fette atlantische Schwarmfisch (neben dem rohen Ei) im Ruf, den Kater zu vertreiben, und der bundesdeutsche Volksmund, um einen Zweizeiler selten verlegen, hat sich dazu das Folgende zurechtgelegt: „O Hering, bester Hering, nimm meinen Schwur in Acht: / Nie mehr verkneip' ich wieder die keusche Mitternacht."
Dass der Hering in lebendigem Zustand wegen seines komplexen und noch immer nicht vollständig erforschten Wanderverhaltens ein Lieblingsobjekt der Meeresbiologie ist, zählt dem kleinen Gourmet von der Straße wenig. Die drei Unterarten des Fisches (Hochsee-Hering, Küsten-Hering sowie Ostsee-Hering oder Strömling) unterscheidet der

Hungrige nur nach ihrem Fettgehalt (die ersten beiden neun, der letztere fünf Prozent), ohne sich über die Migration des Aufzuessenden weiter Gedanken zu machen. Das lehrreiche Appetit-Lexikon aus dem Matthes & Seitz Verlag verrät uns lakonisch den Kern der Heringsliebe: „Der Stockfisch könnte uns allenfalls gestohlen werden, ohne dass die Welt darüber aus den Fugen ginge, käme aber eines Tages der Hering uns abhanden, so würden zahllose kleine Wirtschafts-Etats in die Brüche gehen und nicht wenige häusliche Finanzminister die Flinte ins Korn werfen."
Mit anderen Worten: Dann würde richtig gefastet.

März

Ratschend zum Kalvarienberg

Fastenmärkte:
in Analogie zu Christkindl- oder Weihnachtsmärkten abgehaltene Jahrmärkte in mehreren Gemeinden Österreichs, namentlich in Wallfahrtsorten. Der vielleicht prominenteste Fastenmarkt des Landes ist jener auf dem Kalvarienberg im siebzehnten Wiener Gemeindebezirk.

Wiens siebzehnter Distrikt, Hernals, hat es aufmerksamkeitsökonomisch nicht unbedingt leicht. An Noblesse stellen ihn seine Anrainer zur Rechten, Währing und Döbling, in den Schatten, an proletarischem und multikulturellem Front-Charme tut es der linke Nachbar Ottakring. Dennoch: Hernals ist groß und wunderbar. Hier liegen nicht nur die prachtvollsten Stücke des Wienerwaldes, der Siebzehnte hat auch Weltwunder wie das schönste und demokratischste Dampfbad der Stadt in der Jörgerstraße, den Hansen-Weiher (vulgo Hanslteich) und meine Frau hervorgebracht. Ein periodisches, alljährlich vierzig Tage währendes Juwel von Hernals schließlich ist der Fastenmarkt am Kalvarienberg. Vielleicht liegt es ja an der Frühlingsluft und am pittoresken En-

semble rundum. Die Fastenmeile beginnt am Elterleinplatz und endet an der Ottakringer Straße.
Die gewachsene volkskulturelle Bedeutung des Marktes belegt etwa ein Artikel aus der „Wiener Zeitung“ vom 20. Feber 1950, wo wortreich auf die Eröffnung des Marktes hingewiesen wird: „Heuer werden die Besucher eine Anzahl von Neuigkeiten vorfinden. An beiden Seiten der Budenreihen (...) werden mit Girlanden und Glühlampen geschmückte Pforten errichtet. Auch das Zentrum des Marktes, auf dem Platz vor der Kirche, wird festlich geschmückt und in den Abendstunden illuminiert sein. Vom Gigerlfutter bis zum Spielzeug wird in den neuen hölzernen Verkaufsbuden alles zu haben sein.“
Was bis heute gilt: Heiteres, glückliches Flanieren regiert. Ostern *at its best*. Die Tatsache, dass noch Fastenzeit herrscht, hindert den barocken Österreicher nicht daran. Etwas allerdings sollte in Erinnerung bleiben. Der Kalvarienberg ist in seinen Ursprüngen eine Strafmaßnahme der Gegenreformation. Unter der Herrschaft der Freiherren von Jörger war Hernals um 1600 die Hochburg des Luthertums in Wien. Ab 1625 wurde der Protestantismus verboten, und der Jesuitenpater Carolus Mussard ließ zur Festigung der katholischen Lehre einen Kreuzweg vom Stephansdom bis ins „sündige“ Hernals anlegen. Nach sieben Stationen und, dem Vernehmen nach, dreistündigem Marsch er-

reichte man die Kirche auf dem Kalvarienberg. Es lag am diesseitigen Naturell der Wiener, dass die vorgeschriebenen österlichen Bußprozessionen in den Heurigen der Umgebung ihr Ende fanden und bald ein Jahrmarkt aus dem Ganzen wurde.
Die Jörger aber, die den „Untertaneneid" auf die katholische Lehre nicht schwören mochten, wurden enteignet und der Kronlande verwiesen, weniger exponierte Lutheraner eingesperrt, gefoltert, verbannt, mitunter hingerichtet. Also: Zum Kalvarienberg pilgern, eine Ratsche kaufen und lärmen: Lang lebe Hernals, der Frühling und, bitte, die Toleranz!

Frühling zum Essen

Bärlauchpflücken:
das Sammeln der Blätter des wild wachsenden Bärlauchs (Allium ursinum) von Mitte März bis Ende April, verbunden mit dem anschließenden Verzehr einer selbst gemachten Bärlauchsuppe, eines Bärlauchrisottos, mehrerer Bärlauchknöderln (mit zerlassener Butter).

Was waren das für selige Zeiten, als es draußen in der Welt manchmal hieß, dass in Wien der Balkan beginne – auch wenn sich Dumme darüber geärgert haben. In Zeiten, wo es mitunter heißt, in Wien beginne Naziland, bleibt den Klugen, die sich ärgern, nur der Weg in den Wienerwald als Trost. Der Wienerwald nämlich duftet dieser Tage wie ein einziges Tsatsiki. Der Bärlauch treibt aus. Frühere Zeiten kannten den Bärlauch als wilden Knoblauch oder Bärenknofel, noch frühere als Rams oder Ramschel. Er zählt zur Familie der Liliengewächse, er ist, wie nicht nur das Bestimmungslexikon der Heilpflanzen weiß, „ungemein gesellig". Sein kraftvoll grünes Gezüngel erstreckt sich über hunderte Quadratmeter große Flächen. Man billigt ihm starke Heilkraft zu. Seine Zwiebelchen und

Blätter wirken blutdrucksenkend und blutreinigend, außerdem bekämpft er mit großer Wirksamkeit den bösen Madenwurm, einen Verdauungsparasiten. Kein Wunder, soll doch sein kultivierter Verwandter sogar gegen Vampire von Nutzen sein.

Aber all das ist nicht der Grund dafür, dass dieser Tage auffallend urbane Existenzen zum Zweck des Bärlauchpflückens Waldgebiete an der Peripherie Wiens aufsuchen. Nein, sie suchen das Kraut zum Essen (es ist auch köstlich), sie suchen es gründlich, sie finden es zuhauf, sie bereiten es tagelang in verschiedenen Variationen zu. Dieser junge Brauch hat neben dem frühlingshaften Appetit der Sammler noch eine tiefenpsychologische Ursache: Der Genuss der duftenden Frühlingspflanze symbolisiert, dass dem Städter der Wechsel der Jahreszeiten sinnlich noch nicht ganz entglitten ist.

Bärlauchpflücken hat also auch etwas beinahe Metaphysisches für den Zivilisationsknecht, wobei auch das nicht verallgemeinert werden kann: Ein Freund, ein passionierter Bärenknofelsucher, betrat jüngst den Schwarzenbergpark in Hernals und traf an seiner Lieblingsfundstelle eine gut zwölfköpfige chinesische Familie, die den gefundenen Bärlauch glücklich in schwarze Mistsäcke stopfte. Auf die Frage meines Freundes, was daraus werde, antwortete die Großmutter: „Suppe für Restaurant Südwind." – „Reicht für zwei Wochen", assistierte ein Enkelkind.

Winteraustreiben modern

Winterreifenwechsel: moderner Brauch am Ende des Winters, witterungsbedingt von Bundesland zu Bundesland verschieden, meist von Anfang März bis Mitte April. Der Alpenländer entfernt die profilierteren oder gar mit Spikes bewehrten Reifen von den Achsen seines Autos und ersetzt sie durch Sommerreifen. Entspricht dem Umstieg von Schlitten auf Kutsche vergangener Lenze und dem allfälligen Schmücken Letzterer bei der ersten Ausfahrt.

Mein Mechaniker heißt Furtlehner. Bedingt durch die Kunstfertigkeit seines Tuns bin ich allerdings dazu übergegangen, ihn Furtwängler zu nennen. Furtwängler praktizierte einst in einer Gruppe von Baracken neben einer Tankstelle, ausgerechnet gegenüber dem Heeresgeschichtlichen Museum beim Arsenal, wo mir vor Jahren ein Reifen, ein Winterreifen übrigens, bei flotter Fahrt am Randstein zerplatzt ist und ich also gar keine andere Möglichkeit hatte, als eben zu Furtwängler zu gehen.

Seitdem ist er nicht für unsere Reifen, sondern längst für unseren ganzen, alten, freundlichen Die-

sel zuständig. Er pickt Pickerln, lindert Moribundität aller Art, und zweimal im Jahr treffen wir einander zu jenem Ritual, das ganz am Anfang unserer Beziehung gestanden ist: zum Reifenwechsel.
Furtwängler, ein kleiner, drahtiger, bedrohlich leiser Mann mit einem Fundus an Aussprüchen, den er ungeschaut als Dreiteiler an Elizabeth T. Spira verkaufen könnte, ist mittlerweile vom Arsenal ins tiefe Floridsdorf gezogen, ein lächerlich weiter Weg für uns, den wir aber aus irrationaler Verbundenheit mehrfach jährlich auf uns nehmen müssen, und schon daran sieht der Leser, dass der Reifenwechsel keineswegs ein profaner Brauch, sondern tief ins Unterbewusstsein des Menschen und in seine Restinstinkte den Wechsel der Jahreszeiten betreffend gedrungen ist. Der Wechsel der Reifen ist das Schneeglöckerl der Moderne.
Furtwängler betrachtet den Gummi der vergangenen Saison, sagt möglicherweise verdrossen „Mit denan wean S' nimma weit kumman", hebt den Wagen und tritt jenen Gang an, den man als ersten echten Frühjahrsbeweis sehen kann: Er geht ins Depot. Ich bin hinter ihm, stehe an der Tür des Raums, in der düster die Rundleiber aufgestapelt liegen wie tote Robben.
Ich schließe die Augen, und jetzt bleibt nur der Geruch: Frühling in der Stadt. Alter Gummi, der Duft zunächst muffig und feucht, im Abgang aber lebensbejahend, ja frivol!

Der Sieg der Tineola

Einmotten:
alljährliches Sichern der gereinigten Winterkleidung gegen Verbiss durch Kleinstschmetterlinge. Zeitlich findet das E. etwa zur Frühjahrs-Tagundnachtgleiche statt. Verwendete Hilfsmittel: Mottenkugeln, Mottenstreifen, Zedernholzherzen. Dem E. steht das oft von herben Enttäuschungen begleitete Ausmotten zur September-Äquinox gegenüber.

Wir wissen, dass harmlose Witze die besten Witze und die prophetenbärtigen Graf-Bobby-Witze die besten harmlosen Witze sind: Rudi trifft Bobby, der vier riesige Einkaufstaschen schleppt.
„Ja, Bobby, was hast denn da drin?!"
„Lauter Mottenkugeln."
„Aber warum denn so viele?"
„Na, glaubst', ich treff' bei jedem Schuss?"
Das Ringen zwischen Mensch und Motte ist alt. Uralt, älter selbst als dieser Witz, als die k.u.k. Monarchie, älter gar als das ägyptische Altreich. Dieser Konflikt wurzelt dort, wo sich das schamerfüllte Paradiespärchen in Tierfelle hüllt, ehe es in die Ödnis des Verstoßenseins zieht: also in Eden.

Im Schatten des zürnenden Erzengels machten sich damals zwei weitere Widersacher auf die Fährte des Menschengeschlechts: *Tineola bisselliella*, die Kleidermotte, und *Trichophaga tapetiella*, die Pelzmotte. Ihre Mission: das Einnisten und Brüten in Tierhaar und die damit einhergehende Vernichtung menschlicher Garderobe durch die hungrigen Larven. Die Waffen des Menschen, und auch das verrät uns der schöne Witz, sind im Zuge des langen Krieges moderner geworden; die der Motte sind ihre Vielzahl, ihre Zähigkeit und ihr per saldo längerer Atem. Pelzmotten etwa haben das Aus-der-Mode-Kommen der Pelze vor zehn, fünfzehn Jahren unbeschadet überstanden. Jetzt sind Pelze wieder beliebt, auf der Kärntner Straße wird dagegen demonstriert, und die Motten sind an der Arbeit wie stets.

Während man die Männchen der in fünf Arten vorkommenden Speisemotten neuerdings mit Sexualduftstoffen anlockt, um sie vor einer allfälligen Erzeugung weiterer Fresser an einer Kartonplatte kleben zu sehen, ist die menschliche Strategie gegen die Kleidermotten die des Wegekelns geblieben, wie beim Einmotten offenbar wird: Mottenkugeln oder Mottenstreifen, ebenso wie die zeitgemäßeren Zedernholzstücke riechen angeblich so, dass die Motte findet, es stinkt (die ersteren beiden stinken übrigens auch für Menschen).

Beim Ausmotten hingegen wird offenbar, dass

gelegentlich gar nix nützt. Ich erinnere mich an meinen Freund J., einen Liebhaber edler Stoffe und Bewohner einer mottenverseuchten Wohnung. Er versuchte alles: Kugeln, Streifen, Herzen. Zuletzt ging er zum Mexikoplatz und kaufte in einem Waren-aller-Art-Laden ein hoch bedenkliches bulgarisches Wundermittel. Als er im Herbst den Kragen seines Kamelhaarstutzers betrachtete, fand er ihn unversehrt. Er zog das Stück über und ging aus. Auf dem Graben begrüßte ihn ein Bekannter mit einem Schlag auf die Schulter – den J. eigenartig stark empfand – und einem brutalen Satz: „Servus J.! Dein Rücken ist Futter.“ Kalt erwischt.

Eier mit Kratzern

Gekratzte Eier:
kroatisch krocana jaja *oder auch* pisanice *(„die Beschriebenen") die mit Silbermesserchen fein gravierten Ostereier der burgenländischen Kroaten. Der Brauch des Eierkratzens hat sich vor allem in Stinjaki/Stinatz erhalten, einige der gekratzten Muster sind über Generationen tradiert.*

Dieser Text darf sich den österreichischen Fressbräuchen im weiteren Sinn widmen, kalenderbedingt in Gestalt der *krocana jaja*, der reich verzierten burgenländisch-kroatischen Ostereier. Mitteleuropäisch-christliche Fressbräuche – ob Weihnachtskarpfen, Osterei oder Martinigans, ist im Prinzip egal – folgen derselben Kausalitätskette: Gott hat Geburtstag, lässt seine Auferstehung oder einen seiner Heiligen feiern – und der Mensch opfert etwas vom Besten, das sich in seinem Besitz findet. Großherzig wie schon im alten Testament, als Jahwe dem Isaak das Schlachterbeil Abrahams ersparte, verzichtet Gott immer erneut auf das Opfer. Der Mensch, von Dankbarkeit beseelt, verzehrt es selbst.

Das Ei war die Kostbarkeit der Ärmsten. Wer weiß, vielleicht entstammt das Eierverzieren dem Wunsch, von der Dürftigkeit und Gewöhnlichkeit der Festtagsspeise abzulenken. Sicher ist, dass es Gesellschaften gab und gibt, in denen die traditionelle Verschönerung eines so schlichten (und gleichzeitig mystischen) Dings wie des Eis sich mit der Zeit verselbstständigte und vom abendländischen Mainstream (erst färben, dann essen) schon insofern nobel distanzierte, als man mit ausgeblasenen Eiern arbeitete.

Die bunt bemalten russischen Ostereier kennt jeder. Die kroatischen aus dem Burgenland eben nicht. Sie sind gekratzt. In der Behutsamkeit dieser Tradition, bei der etwas so Zartes wie eine Eierschale mit einem Messerchen graviert wird, ohne zu Bruch zu gehen, liegt zugleich ihre Gefährdung. „Sehr viele sind es nicht mehr“, sagt die Kratzkünstlerin Wilma Zieserl aus Stinatz und meint ihre Kolleginnen. Früher habe noch jede Patin ihrem Taufkind zum ersten Osterfest ein Ei gekratzt. Heute sind die Könnerinnen rar. Zu allem Überfluss hat die EU die alten Eierfarben verboten. Die neuen sind pastellfarben. Ungeeignet. „Da nutzt es nix, wenn man sagt, dass unsere Eier keiner isst.“

Und Gott, letztlich Besitzer der Stinatzer Eier, er schweigt in Brüssel.

April

Die leidigen Scherze

Aprilscherz:
in mehreren Ländern Europas weit verbreiteter Täuschungsbrauch. Am ersten Tag des Monats werden Ahnungslose mit unwahren Tatsachen genarrt, zu nicht existenten Terminen gesandt oder auch anderweitig in die Irre geführt. Nach erfolgreicher Täuschung wird der Ruf „April, April" ausgestoßen und dem Schaden der Spott beigestellt. Die Bevölkerung teilt sich, was den Aprilscherz angeht, in zwei Gruppen: jene, die solche Scherze treiben, und jene, die sie hassen.

Wir wissen nicht, ob sich beim Ersten April eine Fastnachts- oder Karnevalsteufelei weit nach hinten ins Jahr geschlichen hat oder ob dieser Brauch eine symbolische Vorwegnahme der sprichwörtlichen (meteorologischen) Unverlässlichkeit des Monats darstellt. Ausgerechnet bei diesem Blockbuster unter den Jahresritualen schweigt die Literatur sich aus.
Jedenfalls wird zumindest den Österreichern das Blödsinnmachen am 1. April geradezu pädagogisch angeschnitzt. Ich verweise hier auf eine (ansonsten

herzensgute) Volksschullehrerin, die am Ersten April regelmäßig behauptete, die fünfte und letzte Schulstunde, der Sachunterricht, falle aus, um dann um zwölf Uhr mittags fröhlich „April, April" zu krähen. Alle Kinder fielen regelmäßig darauf hinein.

Und hier sind wir schon bei der zentralen Frage, die sich zu diesem Brauch stellt: Warum fallen wir immer noch darauf hinein? Wir, die aufgeklärten, westlich-rational geprägten Herrscher unserer Ringbuchkalender? Natürlich wäre auch interessant zu wissen, woher all die dunkle Seelensubstanz kommt, die den Ersten April für viele zum Tag der kalendarisch legitimierten Bösartigkeit und Demütigung des Mitmenschen macht. Die Frage wäre, ob das Fallenstellen am Ersten April zu einer Entlastung unbewusster Bereiche führt (und womöglich schlimmere Taten verhindert). Ebenso wissenswert wäre, weshalb zarte Seelen sich die erlittene Schmach zu Aprilbeginn gar so zu Herzen nehmen. Aber all das sind Seitenfragen.

Das zentrale Mysterium, weshalb nämlich die Tricks des Ersten April trotz weit reichender Kenntnis der Gefahren dieses Tages immer noch funktionieren, besteht weiterhin.

Mir scheint, dass die Antwort in der unzureichenden Verankerung des Termins im Jahresverlauf zu suchen ist. Es erweist sich hier einmal mehr als Tatsache, dass der Mensch ebenso wenig nach dem

Gregorianischen Kalender tickt, wie er es seinerzeit nach dem Julianischen Kalender oder einer anderen Kopfgeburt getan hat. Und der Erste April ist tatsächlich nur ein Eintrag im Kalender, kein kirchliches, kein heidnisches, kein sonstiges Fest hängt an ihm.
Nur der blöde Scherz, der uns eben deshalb immer wieder überraschen kann.

Palmkatzerln und Eliminationsspiele

Palmumzug:
in ganz Österreich gepflegte Prozessionen am Palmsonntag, eine Woche vor Ostern. In Erinnerung an Christi triumphalen Einzug in Jerusalem, wo dem Heiland zunächst mit Palmzweigen gehuldigt wurde, tragen die Gläubigen pelzig knospende Weidenzweige, die so genannten Palmkatzerln, zur Weihe.

Soll keiner sagen, das Eliminationsspiel sei erst mit „Big Brother" oder gar „Taxi Orange" erfunden worden. Der Spaß am Hinausschmeißen, am Unzugehörig-Machen war immer schon heimisch bei uns, in allen Epochen ebenso vertreten wie unter allen Gesellschafts- und Altersschichten. Beispielsweise hetzen seit vielen Generationen Kindergruppen um Sesselgruppen, um bei Verklingen der begleitenden Musik wieder und wieder feststellen zu müssen, dass die Sesselgruppe um eins kleiner ist als die der Kinder. „Verdränge nach Kräften", scheint die Devise dieser Hetz im wahrsten Wortsinn, die bei uns ausgerechnet „Reise nach Jerusalem" heißt. Aus der namensgebenden, schönen, ruhelosen Kapitale des Heiligen Landes stammt ein weiteres frühes Eliminationsspiel, das sich allerdings als Prozessionsbrauch getarnt hat.

Sie wissen, was ein Palmesel ist? Nein? Folgen Sie mir nach Westösterreich, in die Täler, sagen wir, Salzburgs oder Tirols. Hier nämlich wird der Palmbuschen, ein Strauß von Weidenzweigen mit daran befestigten Kreppbändern und Brezeln, nicht einfach so zur Weihe in der Prozession getragen, sondern, namentlich von den Burschen des jeweiligen Dorfes, an langen Stangen; das verlässliche „Österreich-Lexikon" berichtet von Stangen bis zu zehn Metern Länge. Vom Exkurs über den phallischen Charakter dieses Längen-Kontests nehme ich diesmal Abstand, nicht aber vom Hinweis auf das Eliminationsspiel.

Dieses nämlich tritt dann in Kraft, wenn sich die Burschen auf ihren Wegen vom Hof zur Kirche begegnen und in Streit geraten. Dann beginnt das Gefecht der Palmbuschen, und derjenige, dessen Pracht dabei Schaden nimmt, gilt von nun an als der Palmesel.

Zur Weihe tritt er mit seiner verhunzten Zier als letzter an, in der Kirche muss er hinten stehen. Er ist der Loser des Tages, das Kind ohne Sessel, der, der aus dem Container muss. Er ist versehen mit dem schmählich-animalischen Attribut der Eselhaftigkeit.

Dabei war es ein Esel, der Christus am Palmsonntag nach Jerusalem trug. Palmesel mögen sich trösten, dass ein so großer Christ wie der Heilige Franz das Tier als Gottes Liebling sah, dass sein Ordensbruder, der Heilige Anton von Padua, gar mit einem Wildschwein in den Himmel durfte, wie uns Wilhelm Busch glaubwürdig versichert. „Es kommt so manches Schaf herein“, lässt Busch die Madonna sagen, „warum nicht auch ein braves Schwein?“
Am Ende frohlocken Mensch und Tier und Unsterbliche: „Da grunzte das Schwein, die Englein sangen, so sind sie beide hineingegangen.“

Wo bin ich?

Verstecken:
ein von Eiern auch auf andere Gaben (Süßigkeiten, Kleidung, Spielsachen) ausgedehnter, am liebsten im Freien begangener Osterbrauch. Vorrangig für Kinder verbirgt man Überraschungen in den Nischen von Haushalt und Landschaft, schiebt die Herkunft namentlich der Fressalien, aber auch etwa des neuen Gameboy einem bunte Eier legenden Nagetier in die Schuhe und freut sich an der Freude der Finder.

„Verstecken ist gut, aber kein Wort über den Verantwortlichen", ordert der Chefredakteur, „wir hatten da diesen Nagetier-Schwerpunkt vor nicht allzu langer Zeit."
Gut. Ich kann meinen Lesern au contraire verkünden, dass auch der Glaube an den Osterhahn, den Osterkuckuck, den Osterstorch, den Osterfuchs oder, im Mitteldeutschen, gar die Osterglocken (!) als Überbringer der Eier regional vorherrschte, ehe sich der Unaussprechliche (erst Anfang des vergangenen Jahrhunderts) kontinentaleuropaweit als Bringer, wenn nicht gar als Produzent der Ostereier

durchgesetzt hat. Die Vorstellung bunter Eier, die von den jubelnden Glocken in hohen Bögen über das Dorf geschleudert werden, hat dabei etwas so Dämliches, dass sie bereits an Dada grenzt.
Womit wir in Zürich wären. Aus dieser schönen Stadt, und zwar dem frühneuzeitlich-präreformierten Abschnitt ihrer Geschichte, rührt die erste Erwähnung versteckter Ostergaben.
Die Paten hätten dazumal ihre Täuflinge eingeladen, um gemeinsam in den Gärten nach bunten Eiern zu suchen. Wem die Fundstücke zugeschrieben wurden, wollen wir hier übergehen. Es ist auch nicht entscheidend. Entscheidend ist das Wunder des Findens, das man den Kindern hier beschert. Die Geschenke unter dem Christbaum haben zwar verwandte Aspekte, sind aber letztlich absehbarer als ein (wie aus dem Nichts entstandenes) Nesterl zwischen Primeln und Leberblümchen.
Die Kostbarkeit in der Natur ist ein Wunder, das an weitere Wunder glauben hilft. Und damit sind wir ja beim Kern von Ostern. Ostern, das in Österreich eben ein Naturfest ist, weil der Frühling gerade voll auszuschlagen beginnt.
Ostern ist auch in anderen Bräuchen ein Open-Air-Ereignis (in wenigen Dörfern Österreichs gibt es bis heute das so genannte Emmaus-Gehen, eine Flurbegehung am Ostermontag).
Man versteckt, beschert ein Wunder und bemüht sich, seine Entdeckung nicht ganz leicht zu ma-

chen. Im Verstecken liegt ebenso viel Meisterschaft wie im Finden. Meine Frau diktiert mir: „Schreib, dass das beste Versteck direkt vor der Nase des Suchenden liegt. Dass das Versteckte dabei sichtbar bleibt und trotzdem irgendwie enthoben ist."

Wer mit solchen Verstecken den anderen mehr als eine halbe Stunde suchen ließe, sei, pardon, ein alter Hase.

The Winner Takes It All

Eierpecken:
kulinarisches Rahmenritual zum Osterfest. Zwei Menschen, jeweils zum Verzehr eines hart gekochten Ostereis entschlossen, knallen die Eier vor dem Schälen, je nach Vereinbarung, mit den spitzen oder stumpfen Seiten aneinander; das im Anschluss unversehrte Ei (oder sein Lenker?) hat gewonnen.

Es ist im Grunde eine ganz und gar unösterliche Moral, die dem Eierpecken zugrunde liegt, eine ethische Botschaft, die jener auferstandene Jesus, zu dessen höheren Ehren die ganze Sache ja stattfinden soll, so vielleicht gar nicht gutgeheißen hätte und die man mit zwei Worten treffend umschrieben hat: Härte siegt. Scheinbar geht es ja um andere Dinge bei diesem Fressbrauch, der im ländlichen Österreich wenn nicht lieber, so doch selbstverständlicher betrieben wird als in Ballungsräumen. Scheinbar geht es um taktische Fragen, welche sich schon bei der Auswahl der Vorstufe des Huhns zu stellen beginnen. Man wähle unbedingt kleine Eier, raunen die Spezialisten. Man achte darauf, dass die Schale so wenig Verwerfungen – Buckel, kleine, warzenartige Erhebungen – wie

möglich zeigt. Aber hier sind die Fachleute uneinig: Nein, sagen nämlich manche, genau so ein Wimmerl kann ein Ei zum Champion machen.
Scheinbar geht es auch um klassische Kriterien des sportlichen Wettkampfs, nämlich um Waffenbeherrschung: „Der Druck aller beteiligten Teile deiner Hand muss an jeder Stelle des gehaltenen Eies gleich stark sein, im Idealfall bildest du mit Daumen und Zeigefinger eine Art Ring, der die natürliche, ausgewogene Oberflächenspannung des Eies in völliger Gleichmäßigkeit unterstützt." Das hat mich einst mein allerältester Freund J. auf dem Tiroler Dorf gelehrt (sinngemäß hat er es so gesagt, die lautschriftliche Form des Unterinntalerischen lautete anders). Scheinbar geht es überdies um das zu benützende Ende des Eies. Ficht das stumpfe Ende (50 Prozent der Spezialisten sagen, es sei unbesiegbar!) oder das spitze (die anderen 50 Prozent schwören auf dieses)?
Sogar um Rollenklischees geht es. Bei jener Form des Peckens, bei der die Kontrahenten nicht aufeinander zudonnern wie Ritter, sondern ein Aggressor und ein Verteidiger bestimmt werden, wettet die Hälfte der Spezialisten auf den Angreifer, die andere Hälfte sieht die höheren Chancen beim Stillhaltenden.
Und danach kommen dann die Ausreden, etwa vom Typ: „Des woa oba bitte kaa Freilaundei!" Oder obskure Farbentheorien: „Söba schuld. Wer

nimmt denn Blau?“ Aber in Wahrheit, ich bleibe dabei, zählt nur eins: Härte. Abbas alte Wahrheit aus dem Song *The Winner Takes It All.* Und das gilt auch für die diversen Nachspiele des Eierpeckens und -essens. Verlierer neigen dazu, es noch einmal und noch einmal zu versuchen, und essen so bis zu vier, fünf Eier, was sich natürlich rächt. Der Sieger, ein einziges glorreiches Ei im Bauch, sitzt am Bankerl und rülpst milde. *The loser's standing small*: Vom Häusl klingt ein Stossgebet.

Mai

Fliegende Frauen

Walpurgisnacht:
Die Nacht, die dem Walpurgistag (1. Mai) vorangeht. Namensgeberin ist die Heilige Walpurga, die um 780 verstarb und im Katholizismus die Schutzheilige gegen Okkultismus ist. Frauenzirkel begehen Walpurgis bis heute, wobei die Nacht mit Tänzen, Anrufungen der „Göttin", mit Schutz- und Schadenzauber zugebracht wird.

Maja ist Literaturagentin, und sie steht sehr im Leben. Verwünschte sieben Jahre ist es her, dass ich Maja verehrte. Nicht sehr lang und schon gar nicht erfolgreich.

Wir wissen, dass in der sozialdemokratischen Ästhetik Walpurgis zum Tag der Arbeit geworden ist, dass derselbe arbeitsfrei ist und sich sein Vorabend daher zum Vergnügen eignet. Also rief ich damals Maja an, am Morgen des 30. April.

„Du hast keine Chance, mein Lieber", sagte Maja. „Nicht heute. An diesem Tag bin ich besetzt. Jedes Jahr." Ein Mann aber nimmt so was sofort persönlich. Er ist beleidigt und riecht die Konkurrenz.

„Wie heißt er denn?"
„Sie. Sie sind meine zwölf Freundinnen. Zu dreizehnt feiern wir auf einem Berg. Walpurgis."
„Willst du mir sagen, du bist eine Hexe?"
„Eine *wicca*. Das ist althochdeutsch. Es heißt weise Frau."
„Wo trefft ihr euch? Am Cobenzl?" Schweigen. Jetzt war ich nur noch neugierig. „Dürfen da auch Männer hin?"
Sie kicherte: „Da gibt es tatsächlich zwei Möglichkeiten. Entweder du bist die ganze Nacht über unser Knecht. Das ist sehr anstrengend. Oder du weist dich als großer Magier aus. Als uralte Seele. Sozusagen als Aleister Crowley von Wien."
Ich schwieg betreten, sie kicherte erneut: „Es ist schon besser, dass du nicht dabei bist. Eine von uns kennt dich nämlich. Sie kann dich nicht leiden."
Jetzt gab ich auf. Maja und den Abend.
Gedankenschwer begab ich mich zu einem Freund in Favoriten, um mich über das Maß zu betrinken. Am Heimweg radelte ich die Argentinierstraße abwärts und starrte dabei in den Himmel. Sternenklar, mit ein paar Wolkenbäuchen, die vom Stadtlicht gelb beleuchtet wurden. Ich kniff die Augen zusammen und suchte etwas in diesem Himmel, etwas Fliegendes. Dann stürzte ich. Mein Vorderreifen war in ein Hundstrümmerl geraten. Ich prellte mir beide Handgelenke.

Es war die Walpurgisnacht. Der Schöpfer dieses Haufens kann nur ein kleiner, schwarzer Pudel gewesen sein. Seinen Namen werden Sie aus meinem Munde niemals hören.

Es wird ernst

Erster Mai:
Seit dem späten
19. Jahrhundert Feiertag
der Arbeiterbewegung,
heute in weiten
Teilen der Welt begangen.
In Österreich ist
der Erste Mai seit 1919
überdies Staatsfeiertag.
Österreichische
Maiaufmärsche,
namentlich der traditionelle
Wiener Sternmarsch,
werden häufig von
Diskussionen über
verkehrende oder ruhende
Straßenbahnen und vom
Krank- bzw. Gesundbeten
der lokalen Sozialdemokratie
überschattet.

Fahren wir fort in der Behandlung von rituell begangenen Monatsersten. Nach dem Ersten April mit seinen blöden Witzen folgt der Erste Mai, das heißt, es wird ernst.

Der Erste Mai als größter Kampf- und Festtag der Arbeiterbewegung trägt schwer an seiner eigenen historischen Bedeutung, die immerhin mehr als ein Jahrhundert währt. Es war der Gründungskongress der Zweiten Internationale in Paris, der 1889 den Ersten Mai zum Festtag des Proletariats bestimmte.

Die Arbeiterschaften vieler europäischer Städte begingen den Feiertag erstmals 1890.
Auch in Wien mobilisierte Victor Adler hunderttausende Arbeiter, am 1.5. – damaliger Kampfbegriff: „Rebellensonntag" – die Arbeit ruhen zu lassen, Gewerkschaftsversammlungen abzuhalten und bei Spaziergängen im Prater über den Achtstundentag zu diskutieren. Einzig Adler selbst konnte bei der Premiere des Rebellensonntags nicht dabei sein, er hatte eine Gefängnisstrafe abzusitzen.
Der Erste Mai, in der Folge als „Tag der Arbeit" auch staatlicher Feiertag, wurde, zumal durch die parallel zu den politischen Kundgebungen abgehaltenen Sportveranstaltungen, so populär, dass weder Ständestaat noch Drittes Reich es wagten, ihn abzuschaffen, auch wenn Kundgebungen der Linken selbstverständlich verboten wurden. Erst 1946 kehrten die Wiener Sozialisten, eine Viertelmillion stark, vor das Rathaus zurück.
Der Rest ist lieb gewonnene Tradition. Wer in den Kreisky-Jahren eine Wiener Volksschule besuchte, weiß um die quasireligiöse Dimension des Fähnchen-Bastelns Ende April. Das wird heute wohl auch nicht anders sein. Brauch im besten Sinne eben.
Aber Rebellensonntag? Die Dimension öffentlich-politischer Kundgebung hat sich spätestens seit dem Arbeitsantritt der gegenwärtigen schwarz-blauen

Regierung hierzulande verändert. Demonstrationen sind kleiner, schneller, witziger – und gefährlicher. Am 13. April 2002 knallten Demonstranten von links vor dem Burgtor gegen die Polizei, während rechte Wehrmachtsausstellungs-Gegner am Heldenplatz ihren Opas danken durften. Am 8. Mai 2002 geschah ähnliches.

Und dazwischen? Man wünschte den Teilnehmern der traditionellen Erster-Mai-Kundgebung selbstverständlich gutes Wetter. Und den heimischen Sozialisten ein paar neue Ideen, um sie im Prater zu diskutieren.

Tag der blassen Autoritäten

Badebeginn:
akkordierte Eröffnung der Freibäder in größeren Städten Österreichs, geselliger Brauch etwa Anfang bis Mitte Mai. Der zu überwindenden Angst vor dem kalten Wasser wegen steht der Badebeginn in der Gruppe der Mutproben und Initiationsbräuche.

Ich weiß nichts vom Badebeginn. Ich bade Mitte Juli bis Mitte August, lang nach Beginn, weit vor Schluss, und wenn, dann meistens am Strom.
Der Ignorant muss auf Recherche. Blaue Frühlingsgassen lockten. Vor mir bummelte eine junge Frau mit langen Haaren und einer bunten Badetasche.
„Gehen Sie baden?"
„Wie bitte?" Sie schaute mich streng an.
„Ob Sie vielleicht in ein Freibad gehen, die Frage ist für so ein Magazin."
„Wegen der Tasche? Nein. Ich lege mich auf den Nussberg. Die haben ja noch immer nicht aufgesperrt. Wissen Sie das nicht? Wo leben Sie denn?"
Das sagte ich nicht. Aber meine Spur war heiß. Die Dame pflegt also den Badebeginn?
„Aber natürlich." Sie stellte die bunte Tasche ab

und holte Luft: „Das muss man doch. Also, wenn man kann. Im Gymnasium bin ich mit meiner besten Freundin jeden Mai gegangen, meistens ins Ottakringer. Es war herrlich …" Ihre Stimme war jetzt nicht mehr streng. Aber sie sprach auch nicht mehr wirklich mit mir. Das merkte ich daran, dass sie mich duzte. „Das Tolle ist, dass du das Wasser entjungfern kannst. Es duftet zart nach neuem Chlor, auch das Holz der Kabinen hat so einen frischen guten Geruch. Alle sind freundlich. Die Kassierin, der Bademeister, die zwei alten Frauen, die außer dir noch da sind …"
Die junge Frau warf die Haare zurück. Sie lächelte breit. „Meine Freundin und ich sind kreischend in dieses frische, lockende, eiskalte Wasser gesprungen. Wir waren kurz stolz auf unsere Überwindung und sind schon eine Viertelstunde später wieder in der Kabine gewesen, um uns anzuziehen. Vorher haben wir uns noch die ersten weißen Bikinistreifen gezeigt." Plötzlich kicherte meine Informantin hemmungslos: „Und das Beste ist: Der Bademeister ist noch blass!"
„Diese ersten Maitage haben eine Qualität, die erst wieder in den späten, milden Septembertagen zurückkommt." Sagte sie noch. Plötzlich schien sie zu erwachen und war wieder per Sie. „Aber ob Sie das verstehen?", fragte die wieder strenge Stimme. „Sie schauen aus wie einer, der im Juli baden geht. Wenn nicht erst im August."

Stramme Stämme

Maibaum:
Insignie der klassischen dörflichen Maifeier in Österreich und Süddeutschland – wird in der Nacht vor der Maifeier auf dem Dorfplatz aufgestellt. Maibäume sollten traditionellerweise etwas niedriger als die Kirchtürme sein; sie bleiben bis weit in den Sommer hinein stehen.

„Es ist Frühling“, sagte Fink am Telefon, „Nemeskal und ich fahren bis hinter den Wagram und gehen zum Heurigen. Kommst du mit?“
Wir querten den Strom und erklommen den Wagram. Wir taten einen ersten Blick ins weite Land, das sich eben mit dem dotterfarbenen Make-up seiner Rapsfelder schmückte, und stockten: Wo sonst die Silos der Raiffeisenkasse, schrecklichen Reißzähnen gleich, die rurale Skyline zeichnen und sich dagegen Kirchtürme höchstens schüchtern aus krautigen Senken erheben, da reckten sich plötzlich noch andere Zeigefinger zum Himmel. Die Maibäume. „Stramme Stämme“, bemerkte Nemeskal.
Jeder noch so winzige Weiler hatte seinen Baum.
Die Dorfzusammenlegungen schienen maibaum-

mäßig überhaupt keine Auswirkungen gehabt zu haben. Die Maibäume stimmten uns lustig. „Kollektives phallisches Glücksgefühl in einer Männergruppe“, erklärte Fink, der Therapeut ist.

In einem Dorf parkten wir den Wagen am Hauptplatz zu Füßen des Maibaums, blieben sitzen und zündeten Zigaretten an. Die Uhr schlug halb zehn. Die Sonne blinzelte. Wir wollten Bräuche sehen.

„Der mutigste Bursch'“, kündigte Nemeskal an, „wird seiner Liebsten eine Brezel pflücken. Die Musik wird spielen. Und wir gehen dann zum Heurigen.“ Aber nichts passierte. Anderthalb Stunden lang. Das Dorf war wie ausgestorben. Aus dem Wirtshaus drang Gläserklacken, und Radio Ö 3 aus der Konditorei. Als sich eine Krähe auf dem Kranz des Maibaums niederließ, verließ uns die Hoffnung. Da öffnete sich doch die Tür des Wirtshauses. Ein pfeifender Mann mit einem ländlichen Hut trat auf den Platz, ohne uns zu bemerken. „Der Bürgermeister“, flüsterte Fink. „Es geht los.“

Doch der Mann blieb allein. Er ging, immerzu pfeifend, auf den Maibaum zu und öffnete sein Hosentürl.

Die Krähe flog davon. Wir fuhren zurück. Beim Heurigen waren wir schließlich in Ottakring. Betrunkener werdend, beklagten wir unsere große Entfernung von der Natur.

Männer und Loser

Eröffnung der Eissaison: österreichweit fließend, je nach Wetterlage, zwischen März und Mai. Das erste Aufsuchen eines Eissalons und der anschließende Verzehr des Speiseeises aus Becher oder Stanitzl werden von jedem Menschen auf individuelle Weise begangen und stellen (ähnlich dem letzten Eis im Herbst oder dem Badebeginn bzw. -schluss) ein eher solipsistisches Jahresritual dar.

Sag' ich zum Redakteur: „Für den Mai schreibe ich übers erste Eis."
Sagt er: „Gut."
Ich lege auf. Meine Frau starrt mich an: „Nur Loser und Männer essen im Mai das erste Eis. Die Saison beginnt, wenn die Salons aufsperren, also, bitte, im März."
Ich höre auf meine Frau. Ich rufe noch mal an.
„Ich habe", sagt der Chefredakteur, „heuer noch kein einziges Eis gegessen." Er sagt es mit einer leichten Verdrossenheit, als kenne er den Diskurs. „Schreiben wir", sagt er, „eben über Männer und Loser."

Gut. Eröffnung der Eissaison, Männer und Frauen, und wer ist hier feig? Das ist ein gewachsener, ein verwickelter Konflikt. Hier geht es nicht um etwas wie die Frage, ob man auf Tuchlauben oder Schwedenplatz schwört (für Nicht-Wiener: zwei der Einfachheit halber nach ihrer Adresse benannte Eissalons der Bundeshauptstadt), nein, das ist bloß Oberflächen-Friktion, religiöse Kosmetik. Bei der Frage nach dem höchstpersönlichen Saisonbeginn geht es um das uralte Definitionsproblem zwischen männlicher Tapferkeit und weiblichem Mut. Ich habe an dieser Stelle einmal die alpine Bubenmutprobe des Heuhupfens (von einem Balken in der Scheune auf den darunter aufragenden Schober) beschrieben, bei diesem Brauch machen Mädels selten mit, nicht, weil sie sich fürchteten, auch nicht, weil sie nicht dürften, sondern schlicht, weil es sie nicht interessiert.
Dafür essen Frauen früher Eis: Weshalb? Ich kann mir nicht vorstellen, dass die Furcht des Mannes vor der schneidenden Kälte des *gelato* im Mund (bei gleichzeitiger äußerer Unwirtlichkeit eines durchschnittlichen hiesigen Frühjahrs) größer ist als jene der Frau. Ich denke, es geht vielmehr um etwas, was Männern tatsächlich die Knie weich macht: um den drohenden Verlust so genannter Würde. Frauen legen nämlich durchwegs ein eleganteres Verhalten an den Tag, wenn sie mit ihrem Eis aus dem Salon kommen. Weiblicher Eisverzehr

wirkt genüsslich, im Königsfalle sinnlich. Männer? Wenn sie Stanitzeln bevorzugen, halten sie es Meter weit vom Körper weg und wirken lächerlich. Oder sie schlecken übertrieben flink, um den Tropfen zuvorzukommen, und wirken manisch. Oder sie halten (wie Ihr Berichterstatter) mehr auf Becher, sind dann aber mit der Vielzahl der Instrumente (Löffel, mehrere Papierservietten) überfordert, sie achten nicht auf den Verkehr und verunfallen.

Verstehen Sie? Es muss schon sehr heiß werden, damit ein Mann sehenden Auges auf solche Schicksale zugeht. Dann aber, irgendwann, längst blüht der Flieder, hat er es doch geschafft. Er wischt sich die klebrigen Finger irgendwo ab, und ahnt, dass er vielleicht schon das übernächste Eis so richtig genießen kann.

Juni

Wandern mit andern

Wandertag/
Betriebsausflug:
meist in den Wochen vor den großen Ferien angesiedeltes gemeinsames Ausflügeln jüngerer und mittelalterlicher Österreicher. Oft mit dem Bus sucht man berühmte Ziele innerhalb heimischer Landschaften auf, ergeht sich ein Stück in der Natur, um anschließend bei einem Wirten eine Jause zu nehmen. Die Rückkehr vom Wandertag erfolgt meist in derangiertem, bei zunehmendem Alter auch in betrunkenem Zustand, wobei der Wandertag/Betriebsausflug auch als gruppenpsychologischer Katalysator im Verhältnis seiner Beteiligten zueinander wirkt.

In der Unterstufe des Gymnasiums hatten wir als Klassenvorstand einen Biologielehrer mit dem Vornamen Imre. Vier Jahre hindurch, die ganze Unterstufe, stellte sich unserer Klasse bezüglich des ganztägigen Wandertages die folgende Alternative: „Meine Freunde, wir gehen bei Schönwetter in den Lainzer Tiergarten und bei Schlechtwetter ins Niederösterreichische Landesmuseum." Der Lainzer Tiergarten hatte damit zu tun, dass Imre in Hietzing wohnte. Das Landesmuseum hingegen, diese mittlerweile nach Sankt Pölten übersiedelte Institution, residierte damals in der Herrengasse, und die lag fünf Minuten von unserer Schule entfernt. Meist regnete es tatsächlich, und das hatte zur Folge, dass niemals eine Unterstufenklasse eine Teichfrosch-Population so genau kennen gelernt hat wie wir diejenige im Terrarium Drei in der Herrengasse. Aber einmal schien unerwarteterweise die Sonne. Wir fuhren nach Ober Sankt Veit und wanderten tatsächlich in den Lainzer Tiergarten. Imres pädagogische Mission ging noch weit genug, um zu fragen, ob irgendjemand ein besonderes Interesse an Wildschweinen habe. Als sich niemand meldete, gingen wir einfach zum großen Spielplatz bei der Hermesvilla und ließen uns alle gehen.

Wandertage machen geheim gehaltene Kluften deutlich, sie lassen Feinde offen aufeinander losgehen. Streit führt zu Rauferei, und später überlegt man, ob man sich damals in der Unterstufe eigentlich so prügeln musste, weil man noch nicht wusste, wie es geht, sich zu betrinken. Das Ziel ist in jedem Fall die Besinnungslosigkeit, das Herauskippen aus dem großen, öden Plan eines Arbeitsverbundes, der das Jahr umfasst hält wie ein Korsett. Und hier schließen Betriebsausflüge nahtlos an Wandertage an. Später im Leben diente ich vorübergehend zwei Betrieben als Mitarbeiter. Die Zeitung, für die ich schrieb, setzte ihre Betriebsausflüge gottlob immer dann an, wenn ich arbeitsmäßig unabkömmlich war. Beim Theater, wo ich in der Folge tätig wurde, war man schlauer: Man tarnte einen tatsächlichen Betriebsausflug als Vorprobenwoche. Man sollte nicht glauben, dass das Stück eines Kärntner Dramatikers, das zwei Monate später herauskam, eines der besten der Saison wurde. Da draußen am Kamp las man sich morgens ein paar Texte vor, nachmittags begann man G'spritzte zu trinken, und abends saß man betrunken und von Wespen und Gelsen zerbissen am Kampufer und stritt. Als man nach einer Woche zurückkehrte, unterschied man sich in nichts von einer Klasse nach dem Wandertag. Alle waren eine Zeitlang richtig sauer aufeinander. Und hatten rote Wangen.

Fiakerfahren, Speiben

Pfingstrituale:
im Rahmen des Pfingstfestes und der zu diesem Termin bevorzugt abgehaltenen katholischen Firmung existieren landesweit lokale Rituale zu höheren Ehren des Firmlings. In Wien: Fiakerfahrt, Praterbesuch, übermäßige Nahrungsaufnahme.

In den neunziger Jahren, und zwar den frühen, war ich eine Zeitlang viel mit Charles unterwegs, einem Baum von einem Mann, irischstämmig, gebürtig aus Missouri, damals wohnhaft in Wien. Beruflich war er so etwas wie ein, das schreibe ich zögernd, Unternehmer, privat ein Dichter erster Ordnung. Wir verbrachten wohl eine knappe Hundertschaft an Nächten zwischen Hotels, Privatszenen und Lokalen, die allesamt (so) nicht mehr sind.

Es war nachts, nach vier Uhr. Dämmerung eines Montags im späten Frühjahr. Nichts hatte mehr offen. Dann aber kam dieser Fiaker. Wir haben nie erfahren, wohin er unterwegs war. Aber er ließ uns einsteigen. Wir gaben ihm einen Vorschuss und die Anweisung, den Ersten Bezirk nicht zu verlassen.

Draußen nieselte es, und drinnen zwang mich der Geruch dieser Lederbänke und des süßlichen Pferdeschweißes geradezu, Charles von meiner Firmung zu erzählen.
Ich sprach von diesem Junimorgen im 81er Jahr, von diesem frischen, klaren Sonntag in der Mitte meines vierzehnten Lebensjahres, von meiner Ölsalbung und jener symbolischen Ohrfeige durch die Hand des Benediktinerabtes, die „weitgehend schmerzfrei, aber spürbar“ ausfiel, wie im Firmunterricht angekündigt. Ich erzählte Charles, der eine kleine, aber volle Flasche polnischen Wodkas aus der Brusttasche seines tadellosen Blazers zog, von der damaligen Fiakerfahrt mit meinem bewunderten Firmpaten, einem Zwei-Meter-Mann, erzählte, wie wir unter mittlerweile stechender Sonne in den Prater klapperten, erzählte von den Hochschaubahnen, die ich dort bestieg, und dem Riesenessen, das durch mich hindurchgehen hätte sollen und doch den Eingang zweimal nahm. Ich schilderte Charles, wie ich betrunken und müde immer noch die platinblonde, blutjunge Frau meines Paten anstarrte, und wie grün ich schließlich nach Hause kam, am Gelenk der einen Hand eine Seiko (!), im mürben Griff der zweiten einen dieser alten Luxus-Praterluftballons, die in Baumwollnetzchen schweben.
Die wahre Zumutung der Firmung, sagte ich zu Charles, ist, dass du alle Freuden des Buben und

beinahe alle des Mannes an einem Tag ertragen musst. Ich dachte immer, erwiderte Charles, der irische Katholizismus sei der dreidimensionalste. Wir ließen halten, denn der Wodka war aus. Der Kutscher teilte uns mit, unser Vorschuss sei um 1200 Schilling überschritten worden.

Charles überließ mir die Begleichung der Summe.

Dies, sagte er, sei gewissermaßen *seine* Firmung gewesen.

Ich gab ihm eine weitgehend schmerzfreie, wenn auch spürbare Ohrfeige. Die Sonne ging auf.

Rosen und tragbare Himmel

Fronleichnam:
Mittelhochdeutsch
vrônlîcham, *am ersten*
Donnerstag nach dem
Dreifaltigkeitsfest, erinnert an
den Leib Christi, von Papst
Urban IV. 1264 eingeführt,
seit der Barockzeit mit
prunkvollen Prozessionen
verbunden.

In jener Wiener Vorstadt, wo ich aufwuchs, kam kein anderes Fest so pittoresk einher. Schon dieser verlässlich sonnige Juni, und dann: Der Pfarrer schritt unter einem von Ministranten getragenen Baldachin, Himmel genannt, durch die Gassen, die Kinder streuten Rosenblüten. Der Pfarrer lächelte, und die Kinder wussten trotzdem, dass die Rosen nicht ihm, sondern dem Allerheiligsten galten, das der Pfarrer vor sich her trug. Es war (und ist) schulfrei, es würde später reichlich zu essen geben, und der Nachmittag hielt womöglich den ersten Gang ins Freibad bereit.

Die meisten Kinder machten bei der Prozession den einen oder anderen blöden Witz. Und zwar nicht über das Fest selbst, sondern über seinen komischen Namen: Fronleichnam. Was im neuhoch-

deutschen Kinderohr ganz einfach nach einer frohen, einer lustigen Leiche klingt und also nach blöden Witzen schreit. Dabei bedeutet der Name „Leib des Herrn“. Die Katholiken feiern das Wunder der Eucharistie, also der mystischen Umwandlung des Leibes Christi in die Hostie. Was am Gründonnerstag, am Tag des Abendmahls selbst, noch von der bevorstehenden Kreuzigung des Heilands überschattet ist, wird knappe zwei Monate später, nach erfolgter Auferstehung und Himmelfahrt, unter „österlich-freudigen“ Vorzeichen, wie es in der vatikanischen Definition des Festes heißt, noch einmal aufgenommen.
Martin Luther hasste das Fest mehr als jeden anderen päpstlichen Feiertag. Was die Protestanten beseitigten, führte (hierzulande) die Gegenreformation umso granitener wieder ein – Fronleichnam, wie wir es heute kennen: Prächtig, barock und irrational.
Nicht nur deshalb ist Fronleichnam das österreichischste der Kirchenfeste. Auch aufgrund dieser phonetischen Besonderheit, über die die Volksschüler noch immer kichern: Im Phäakenland der zutiefst anlassgebundenen Religiosität, wo die Himmel tragbar sind und am Ende vom Leben die schöne Leich’ steht, da ist es zum lustigen Leichnam nur ein kleiner adjektivischer Schritt. Solange es uns hilft, im Juni, wenn die Sonne scheint …

Entscheiden Sie sich!

Entscheidungsprüfung: am Ende des Schuljahres vor Notenschluss an Mittel- und Hauptschulen abgehaltene mündliche Tests für aufstiegsgefährdete Schüler. Nicht bestanden, führen sie zum Nachzipf, der letzten Chance am Ende der somit ruinierten großen Ferien.

Ich habe mich immer gefragt, wer bei diesen Prüfungen was entscheidet. Sind es die Lehrer? Sie, die mit ihrer Macht über freie oder zugeschissene Sommerferien an diesen Vormittagen entweder sachte oder gewissenlos umzugehen pflegen. Oder sind es die Geprüften? Die Schüler, deren Jahresleistung bisher nicht genügt haben soll und die sich nun, zur Entscheidungsprüfung, zweier Strategien bedienen. Doch noch hineinbeißen, strebern, nicht schlafen, lernen und zittern, die Regeln des Systems fressen, die ganze bekackte Mühle dieser Gesellschaft, wie Stephen King wohl sagen würde, doch noch bedienen – oder das Gegenteil: eine letzte Knall-Inszenierung vor den Ferien, durchfallen, aber mit Gaudium, und dann mal sehen, was der Herbst bringt.

Ich glaube ja, dass es wenig richtige Trotteln gibt, dass also die meisten Entscheidungsgeprüften im Vorfeld der Entscheidung entweder faul oder irgendwie anders beschäftigt waren, und sei es, um mit dem einschlägigen Pädagogen zu wickeln. Ich glaube auch, dass die Atmosphäre bei diesen Prüfungen sowieso zu aufgeladen ist, um eine vernünftige „Entscheidung" über irgendwas zu treffen. Man hat gekränkte Lehrer, die mit dieser Prüfung immer auch so etwas wie einen Liebesbeweis einfordern, man hat gehetzte und renitente Schüler, man hat keine Zeit (drei Prüfungen gehen sich, wenn ich mich richtig erinnere, in so einer Stunde aus, „und die anderen beschäftigen sich bitte still …"), man hat, mit einem Wort, alles, nur keinen Überblick.

In der kleinen Nordtiroler Stadt, in der ich meine AHS-Oberstufe hinter mich brachte, hatte ich in einem Osttiroler namens Robert meinen geheimnisvollsten Mitschüler. Robert behauptete stets, ein uneheliches Wildererkind zu sein – ähnlich wie Bob Dylan eine Zeit lang erklärte, von Indianern abzustammen. Robert galt bei der Lehrerschaft als der Intelligenteste und Verschlagenste seines Jahrgangs, war das Erste tatsächlich und vom Zweiten das Gegenteil und hatte jedes Jahr eine ganze Kollektion von Entscheidungsprüfungen, die er dann „wie im Schlaf" bestand – wenn nicht, bestand er die Nachzipfe „wie im Schlaf".

„Es geht ganz leicht“, sagte er mir einmal auf meine Frage, ob ihn die ganzen Prüfungen nicht fertig machten: „Die haben ihren Willen und du hast deinen. Aber wir sind am biologischen Zenit, wach und gefährlich wie wilde Tiere. Die Lehrer wissen das. Es geht also nicht ums Strebern. Wenn du dich konzentrierst, kannst du ihren Willen dehnen, bis er reißt wie ein Gummi.“ Wir haben damals blöd gekichert, aber natürlich hatte Robert völlig Recht.

Brennende Herzen

Herz-Jesu-Feuer:
Tiroler Gipfel- und Gratfeuer
in der Nacht auf den
Herz-Jesu-Sonntag Ende Juni.
Die Herz-Jesu-Feuer haben
sowohl religiöse als auch
lokale Wurzeln – neben
ihrer Funktion als
brennendes Zeichen der
Sommersonnenwende
erinnern sie an den
Freiheitskampf gegen
Napoleon, in dem sich
die widerständlerischen
Schützen durch Bergfeuer
verständigten.

Das schroffe Hochgebirge des Landes Tirol erschließt sich dem Mittsommerfrischler auf ungewohnt freundliche Weise: Die Seiten- und Hochtäler des Inntales duften tagsüber nach Latschen, die Menschen da oben, mit Bersteigersonnencreme beschmiert, duften auch nach Latschen, und die Abende riechen nur unwesentlich anders, nämlich nach Zirbenschnaps.

Die Tiroler sind zu Mittsommer sanft, sonnig, geradezu xenophil, sie scheinen fast jedes Detail ihrer Wunderwelt mit dem „Fremden", wie hier der Tourist quasi offiziell genannt wird, teilen zu wollen. Fast: Denn an einem Abend bleibt man unter sich, und das ist der Samstagabend vor dem Herz-Jesu-Sonntag, Ende Juni. Da nämlich sieht der Fremde nur Indizien dessen, wovon er in der Folge doch ausgeschlossen bleibt.

Die Männer deuten auf hoch gelegene Hänge, Steige und Grate, rätseln, ob dieser oder jener Weg noch immer vom Bach blockiert sei, beschließen, dann eben einen noch gefährlicheren Weg zu nehmen, und endlich, nach einem letzten Zirbenschnaps, bricht man auf, jede Gruppe einem anderen Gipfel zu. Im Dorf bleiben Frauen, Kinder, Greise und Touristen. Wenn aber spät das Dunkel der Juninacht eingefallen ist, leuchten auf allen Bergen die Herz-Jesu-Feuer, weithin sichtbar, knisternd-archaische Erinnerungen an die heidnischen Sonnwendfeste und alljährliche Kontrollleuchten des Tirolerseins.

Bis die Sonne wieder da ist, brennen die Feuer, und jene Rückkehrer, die noch kommunizieren können, erzählen wunderbare Mären: von jenem schon ein wenig betagten Bäuerchen, das es nie bis zum Gipfel schafft und sich vielmehr hundert Meter darunter zum Schlaf zusammenrollt, bis es von den Absteigenden wieder geweckt wird. Von jener unglücklichsten aller Gruppen, die den mitgebrachten Brennholzvorrat mit dem Inhalt der mitgebrachten Bierkisten tränkte und also ausgerechnet auf dem höchsten Gipfel des Tales mit nichts als fünf Bic-Feuerzeugen sitzen blieb. Oder gar von jenem tirolerischsten aller Tiroler, dem Passeiertaler Andreas Hofer, der „dem Napolium“ 1809 am Bergisel aufs Haupt schlug und möglicherweise anschließend jenen mythischen Satz aussprach, dessen Konsequenzen bis heute einmal im Jahr auf den Gipfeln zu sehen sind: „Mander, ’s isch kchalt!“

Juli

Stirb fast!

Naturbad:
eine ursprünglich nur der hochsommerlichen Abkühlung dienende, regional auf Ufer-Anrainer begrenzte Freiluft-Tradition, die mit dem Aufkommen der Sommerfrische im 19. Jahrhundert auch für (Haupt-)Städter von modisch-gesellschaftlicher Relevanz wurde und zu eigenen Subkulturen wie dem Lemuristan vom Wörther See und der Ausseer Plättensteg-Schickeria führte.

Mit neun Jahren erhielt ich bei der Lektüre eines gut recherchierten Piraten-Reißers (hieß er „Atoll der Schurken"?) eine Information, die mich schockierte: In der Karibik, wo der Kolibri durch die Casali-Palme fetzt, im lauesten Meer des Planeten, kann man erfrieren. Von geflohenen Freibeuter-Geiseln war da die Rede, die (an muschelbedeckte Planken gekrallt) solange unweit Kubas im Ozean trieben, bis selbst 28 Grad warmes Wasser genug Zeit gehabt hatte, ihre Körper in letalem Maß zu unterkühlen.

Im folgenden Juli weigerte ich mich, ein vordem geliebtes hiesiges Binnengewässer zu betreten. Es

hatte elf Grad weniger als die Karibik und wurde in jenem Sommer konsensual als „schön frisch" beschrieben. Meine Angst war viel zu groß: Ich würde die Zeit vergessen und da drinnen verenden.
Der Österreicher badet gern in den wilden Wassern seiner Heimat. Und dafür nimmt er saukaltes Wasser in Kauf. Er zögert eine Ewigkeit am Gestade, er benetzt sich bebend Brust und Bauch, er führt innere Countdowns durch und geht schließlich, oft schreiend, hinein. Mehr als einmal ist in dieser Kolumne das Verschwinden heimischer Mutproben registriert worden, voilà, hier ist einmal eine Mutprobe, die sich nicht nur gehalten, sondern sogar weiterverbreitet hat: das Naturbad.
Die Franzosen bezeichnen ihren Orgasmus ja als „Kleinen Tod" – den Schritt des Österreichers ins heimische Süßgewässer könnte man analog als „Halben Tod" bezeichnen: Stirb Fast! Man versucht Naturbäder seit jeher zu romantisieren, man verklärt die Lichtstimmung, den Geruch der hölzernen Badestege, das Glucksen der Wellen, die Beine einer Frau, hinter denen ein Dampfer vorbeifährt. An den Fließgewässern, wo alles vielleicht noch schlimmer ist, weil sich Eiseskälte mit Geschubse paart, da redet man wieder die Wirkung des Badens schön, wobei die Metaphern von „Jungbrunnen" (das Quellbecken Fischau) bis „g'sunde Watschen" (die Donau vor Kritzendorf) reichen.
Auf sonderbare Weise kehrt beim Bad selbst der

verloren geglaubte Respekt vor dem Alter zurück. „Es ist ja eine Schande“, sagt eine schöne Frau, mit der ich öfter baden fahre, „wie cool die Senioren sich da hineinschmeißen, und unsereins ist so verweichlicht.“ Aber nein! Das Naturbad, und sei es nach stundenlanger Überwindung, bleibt der Beweis: Wir sind doch ein tapferes Volk. Wir stellen nur unser Licht unter den Scheffel. Oder schmeißen es in den See.

Sommer-Sammlereien

Sammel-Traditionen: an voragrarische Epochen gemahnende Freilicht-Gepflogenheiten wie das Sammeln von Pilzen oder das Pflücken von Beeren sind im Sommer allgegenwärtig. Anders als in der Urzeit dient die Klauberei nicht mehr der Selbsterhaltung, sondern vielmehr dem kollektiven Naturerlebnis und dem Ausleben innerfamiliärer und freundschaftlicher Rivalitäten.

Hundert Jahre her, wir verbrachten frisch verknallt ein Wochenende im Ennstal, in einem kleinen Haus zusammen mit zwei Sandkistenfreundinnen meiner Liebsten, Schwestern, und deren zwei Lovern und späteren Männern. Es regnete, aber nicht sehr.

„Schwammerlsuchen!“, hieß es, und so geschah es auch. Mit einem ins Schweinchenrosa verblassten Sessellift taumelten wir auf einen Ennstaler Berg, durch die moosigen Wälder an seinen steilen Abhängen schwankten wir wieder hinunter. Und ja, es wurde Der Große Ausflug: Alle sechs wurden wir fündig. Wir fanden Eierschwammerln, meine Liebste entdeckte überdies zwei Steinpilze.

Wir fanden natürlich noch jede Menge anderer Schwammerln, aber wie alle Österreicher nahmen wir nur die Eierschwammerln und die Steinpilze. (Das Beste habt ihr nicht genommen, würde später die eine Hälfte meiner oberg'scheiten Freunde sagen, seid's froh, hättet's euch eh nur vergiftet, die andere.) Es zählten an diesem Nachmittag aber ohnehin nur die Eierschwammerln. Es waren Kilos, Kilos und Kilos. Es waren für jeden Sammler so viele da, dass im Lauf der Stunden Sammlertemperamente offenbar werden konnten. Meine Liebste ist Graphikerin. Ich merkte, wie sie die Schwammerln mit dem Blick des Art Directors fand und sich bei einer neuen Kolonie wie über einen gelungenen Entwurf freute. Der Lover ihrer einen Sandkistenfreundin, Bergführer (!), war so ehrgeizig, dass er nicht mehr aufhören konnte. Er hatte schon keine Behältnisse mehr, und sammelte und sammelte doch immer weiter, tatsächlich zerdrückte die obere Schicht seines Tragtascheninhaltes die untere ganz und gar zu einer Art Pfifferlingsmehl.
Trotzdem waren am Abend immer noch genug Schwammerln erhalten, um zwei verschiedene Spielarten des Schwammerlgulaschs zu verwirklichen. Eine mit viel Petersil, eine andere, die sämiger war. In der Gier vergaßen wir auf Beilagen, was am Ende dazu führte, dass wir die letzte Sauce mit Knäckebrot ausschmierten.

Aber wir hatten dieses wunderbare Gefühl, dieses Sentiment, das wir mit allen anderen Pilze-, aber auch Beerensammlern teilen. Sogar mit Menschen, die schwerverdauliche Dinge sammeln. Im Gailtal traf ich einen Mann, der sommers Fossilien sammeln ging. Abends kam er aus seinen Bachbetten zurück, irgendwelche eingekalkten Ammoniten in der Hand, war braun gebrannt, lächelte und sprach aus, was wir alle fühlen: Die Natur ist gut. Sie nährt uns alle.

Urlaub mit Sisi

Dableiben:
urbaner Sommerbrauch einer überzeugten Minderheit, der sich in teilweiser bis fundamentaler Opposition zum Mehrheitsbrauch des Fortfahrens etabliert hat. Die Dableiber vertreten den Standpunkt, ihre Stadt sei sommers abzüglich aller Fortfahrer besonders lebenswert, sinnlich, hübsch. Sie zelebrieren die heißen Monate im verbauten Bereich und seinen Umgebungslandschaften und neigen mitunter zu Elitarismus.

Diese Ansichten haben ja etwas für sich: Sisi im Volksgarten, sagt etwa Herzensfreund Eins und meint die melancholische Statue hinter dem flirrenden Teich, Sisi also habe einen unverwechselbaren Sexappeal, wenn die staubig-blitzblaue Metropole langsam in den August kippt, wenn der ewige Wiener Wind so etwas Heißes und Fauchendes bekommt, wenn die dritte Mückengeneration über diesem Weiher stehe. Dann scheine geradezu ein Seufzen durch die steinerne Kaiserin zu gehen, sagt Herzensfreund Eins, dann eben, wenn es am schönsten sei in Wien und die Stadt so richtig leer.

Nein, sagt Herzensfreundin Zwei, nein, es gehe vor allem um die Geschäfte und um die Eissalons, kaum wäre die Schule vorbei und die Horden in den Süden oder ins Gebirge aufgebrochen, werde alles billiger in den schönen Läden, und die besten Stücke seien ohnehin liegengeblieben, weil die Fortfahrer in ihrer Hast und Nervosität keinen Blick für Qualität hätten. Und die Eissalons: Egal, ob Tuchlauben, Schwedenplatz, Hoher Markt, überall komme man gleich dran. Ein Sackerl schlenkernd, ein Eis in der Hand, wandere man durch die Stadt und bade in jener Ruhe, in der man nun gelassen werde, nun, da es am schönsten sei in Wien und die Stadt so richtig leer.

„Braucht man denn Salz, um zu baden?“, ruft Herzensfreund Drei aus. „Ich liebe die Lobau“, erklärt er, „ich vergöttere das Strombad von Kritzendorf, ich bade und schlafe, und abends habe ich die Stadt. Die Clubs ohne Wappler! Die Bars ohne Hengste! Muss man denn Sirtaki tanzen oder Chianti speiben, um Ferien zu machen?“

So reden sie dahin. Die Dableiber. Leichthin, im Bewusstsein ihrer Weisheit, in der scheinbaren Genügsamkeit ihres Dageblieben-Seins, das selbstverständlch auch nur eine Ausprägung von Snobismus ist. Dünkel aber ist gemein und letztendlich dumm – niemand ist selbstbestimmt, auch nicht die Fortfahrer: Es gibt quengelnde Kinder, denen Sisi im Volksgarten sowas von egal ist, die das Eis in Grado hundertmal besser finden, die zu Recht erklären, dass der Schnorchelnde in Kritzendorf genau fünfzehn Zentimeter weit sieht. Diese Kinder haben von ihrer Warte aus vollkommen recht. Und es gibt Erwachsene, die übers Jahr ein gewisses Verdruss-Kontingent aufgebaut haben, was ihre Heimatstadt angeht. Die ein bisschen was anderes wollen, und sei es Chianti speiben. Mit ebenso viel Recht. Außerdem ist manchen Dableibern ein Hauch Pharisäertum nicht ganz fremd. „Natürlich fahre ich weg", sagt Herzensfreundin Vier, „aber im Mai oder im September. Juli, August hier, vorher und nachher fort." Das ist ein Trick, sagt sie, der den Sommer etwas länger macht.

August

Mut und Liebe im Heu

Heubräuche:
Traditionen, die mit der vor- und inneralpinen Heumahd verbunden und den ganzen Sommer über in Österreich zu beobachten sind. Von den drei im Folgenden beschriebenen Bräuchen – dem Heuhupfen, der Liebe im Heu und dem Aufstellen der Heumanderln – ist der Letztere vom Aussterben bedroht.

An die hundert Leser jenes Textes, der dem Herz-Jesu-Feuer in den Tiroler Hochalpen gewidmet war, sind quasi direkt vor meinem Haus erschienen und haben mich beinahe angefleht, noch einen Text aus den Bergen zu schreiben. Es ist dabei interessant, dass gerade Bewohner der Großstadt, und unter ihnen gerade jene, die behaupten, man könne das Häusermeer auch und gerade im Hochsommer keineswegs für mehr als sechs Stunden verlassen, dass also gerade die so eine Sehnsucht nach hochalpinen Themen haben. Aber sei's drum. Voilà: die Heubräuche in den Alpen.
Das Heu stellt dabei vielleicht das am süßesten duftende Gut des österreichischen Sommers dar: Seine Note vereint die Gegenwart der Sonne, des

Windes, der nicht enden wollenden Tage mit einem behutsamen Memento mori. Wo Heu ist, war auch ein Sensenmann. Da macht ein Hauch mich von Verfall erzittern, schrieb schon Georg Trakl im Hochsommer, und er hatte wohl Recht. Trotzdem sind die meisten Heubräuche vital-viriler, durchaus lebendiger und in einem Fall offen phallischer Natur. Bereits die Buben des Alpenvolkes üben sich in der Mutprobe des Heuhupfens, wobei von einer erhöhten Stelle aus, wie einem Balken im Dachstuhl des Stadls, ins Heu gesprungen wird. Dieser Initiationsritus ist von blutigen Legenden (im Heu verborgene Mistgabeln) umrankt, geht aber doch meistens glimpflich aus.

Umstrittener ist der Komplex der Liebe im Heu (der Terminus wurde bereits vom größten Weichzeichner des britischen Fin de Siècle, D. H. Lawrence, zum Titel eines Prosastückes erwählt). Verächter stehen Verfechtern erotischer Ausschweifung im frisch geschnittenen Heu entschlossen und ebenbürtig gegenüber. Am Land schließlich hält sich hartnäckig die Ansicht, Sex im duftenden Heu sei fruchtbarer als der im drögen Bett. Zyniker machen dafür die Erregung über das Ungeziefer im Stadl verantwortlich.

Der letzte, der phallische Brauch, der noch letzten Bergduft in die Altbauwohnungen meiner Leser bringen soll, ist das Aufstellen der Heumanderln, das nur noch selten von einigen Hardcore-

Bergbauern praktiziert wird und dem Trocknen des eben gemähten Heus dient. Es ist eine männliche, verloren-kämpferische Geste, die nebenbei die Alpenlandschaft mit wunderbaren Skulpturen versieht. Ein dreistes Arschlecken-Heißen jenem großen Schnitter, der am Ende aller Sommer steht.

Ein Geburtstag dräut

Zum Beispiel August –
Geburtstag:
für wirkliche und juristische Personen veranstaltetes Ritual zur Würdigung eines vollendeten Existenzjahres. Mittel der Geburtstagsfeier sind die vom Jubilar und/oder seinem sozialen Verbund einberufene Party, das Präsent, die Torte, der Blumenstrauß, die Korrespondenz.

Jeder, der über das Kinderjausenalter hinaus ist, wird früher oder später seinen schlimmsten Geburtstag erleben.

Jeder, der im alten Jahrtausend in Wien fortgegangen ist, wird sich an das Anchora Verde in der Grünangergasse erinnern, an diesen herrlichen, selbst ernannten Italiener, dessen Besitzer Herr Glück hieß.

In einem seiner Hinterzimmer erlebte ich meinen schlimmsten Geburtstag, den Fünfundzwanzigsten. Zehn Jahre ist er her, aber hundert werden zu wenig sein, um ihn zu vergessen.

Ich hatte zu einem Kaiserschmarrn-Essen geladen (wer die Küche dort kannte, vermied jegliche Italianità). Fast alle meine Freunde waren da, aber

keiner von ihnen war mir an jenem Abend sympathisch.
Die Geschenke fand ich bemüht oder daneben, ich versicherte den Leuten das Gegenteil. Lügen macht paranoid: Ich vermeinte Getuschel zu hören, betrank mich zu früh, der Kaiserschmarrn, schien mir, kam auch nicht wirklich super an.
Und zu allem Überfluss entschloss sich auch meine an sich herzensgute Mutter, meine Großmutter im Schlepptau, zum Besuch der Feier. Zu allem Überfluss deshalb, weil sich meine Mutter in jenem Zustand befand, den ich ihre „Tragödienstimmung" nenne. Das heißt, sie empfindet das Präsens als tragisch und referiert die (eigene) Vergangenheit umso mehr als heiter-burleskes Gegenstück. „Mein Gott", sagte sie mit einem vorangeschickten Seufzer, „was waren unsere Geburtstage damals unbeschwert und fröhlich!"
Ich hörte den Satz und stürzte schweigend ein Stück weiter ab. Jedoch ausgerechnet das Mädchen, dem ich seit zwei Tagen näher stand, sprach die ebenso schlagfertige wie dreiste Entgegnung aus: „Sie können ja auf dem Tisch tanzen, Frau Molden."
Meine Mutter verließ schreiend den Grünen Anker, meine Großmutter, die nichts verstanden hatte, nach wie vor im Schlepptau. Der Eklat hatte den Vorteil, dass die Party sich auflöste. Zwischen halb aufgegessenen Kaiserschmarrnportio-

nen hockte ich schließlich und verstand, weshalb gerade Geburtstage so schlecht enden können. Schiere Existenz ist kein Verdienst, älter werden keine Leistung. „Wir sind in die Welt gevögelt", schrieb Werner Schwab, „und können nicht fliegen."

Über alles reden, was war

Urlaubsreflexion: postferialer Kommunikationsbrauch, existiert in mündlichen (Kaffeehaus-Tratsch), schriftlichen (Schulaufsatz, Reisereportage) und mehrmedialen Ausprägungen (Diavortrag). Dient dem Bewusstsein zur deutlichen Abgrenzung des Urlaubs (schön, frei, entspannt, aufregend) vom so genannten Alltag und motiviert zur weiteren Bedienung des jeweiligen Lebenswerkels.

Da sitzen sie, die Frauen in den Espressohütten am Graben, da sitzen sie und nerven die Kellner, weil der Café frappé hier anders schmeckt als auf Sardinien, da sitzen sie und reden mit schneidenden Zungen und glucksendem Lachen über alles, was war, und alles, was hätte sein können. Ölig braun wie jene Butter, die sich Friedensnobelpreisträger und Erdnussfarmer Jimmy Carter auf sein Weckerl schmiert, langbeinig, glücklich, auf eine schamlose Weise schön, und noch immer angezogen wie auf Rhodos. Zwei Wochen später würden diese Frauen, genuine Wienerinnen immerhin, niemals solche Rockerln, Bluserln oder

Kretische-Leder-Gürterln tragen, aber dieser Tage fehlt dafür das Gefühl.

Da lehnen sie, die mehr, weniger oder nicht dazugehörigen Männer, im Brötchenbuffet beim x-ten Pfiff, spät vormittags, werktags (aber der Urlaub währt ja noch drei herrliche Tage über den Schulbeginn der Kinder hinaus). Sprechen diese Männer über Motorradfahrten oder Golf, klingt es zotig, reden sie über Frauen, klingt es sportlich. Sie sind etwas weniger braun als ihre weiblichen Entsprechungen, dafür etwas öliger. Weit offenen Kragens lehnen sie da, Verschwitztheit und Verknitterung der Khakihose ist auf genüssliche Weise egal, und das Lachen im Vergleich zu dem der Frauen eine eher stumpfe Waffe. Drei Wochen später würden sich diese Hengste der Hauptstadt nie und nimmer derart gehen lassen, aber dieser Tage fehlt dafür das Gefühl.

Da lungern sie, die armen Kinder, bereits in der geschlossenen Anstalt Schule, mit der immer gleichen Aufgabe namens „Der schönste Tag meiner Ferien“, während draußen die letzten schönen Sommertage durch unsichtbare Sanduhren rieseln. „Der schönste Tag meiner Ferien war, wo ich zum ersten Mal Wasserski fahren durfte, der Lehrer im Schnellboot war ursüß“ hat dem Vernehmen nach „Am schönsten Tag meiner Ferien fuhren wir mit dem Opa die Großglockner-Hochalpenstraße rauf, und ich hab das erste Mal gehört, wie ein Murmel-

tier pfeift“ abgelöst, aber das hoch-poetische, impressionistische Element ist ebenso erhalten geblieben, wie die herbe Melancholie, die diesen Schilderungen irgendwie eigen ist.
Vier Wochen später, bei den ersten Schularbeiten, wären diese Kinder zu solchen Schilderungen nie und nimmer in der Lage, aber sie, als einzige, wissen das auch.

September

Initiation der Bleichgesichter

Schultüte:
Seit der Nachkriegszeit gebräuchliche Beruhigung für ängstliche Taferlklassler. Meist in der Form eines Feenhuts gehalten (oft auch mit Schleier!), gefüllt mit einer Mischung aus Süßigkeiten, Spielsachen und Schulutensilien. Wird gewöhnlich erst leergefressen, manchmal als Faschingskostüm verwendet, im Regelfall eines Tages weggeschmissen.

Wir wenden uns diesmal dem schönen Thema der Initiation zu. Initiationen, Zeremonien des Erwachsenwerdens: Ein afrikanischer Knabe tritt in die Morgendämmerung, am Rand des Dorfes drückt ihm ein geheimnisvoller Alter den ersten Speer in die Hand und deutet auf das Gehölz, in dem sich das wilde Warzenschwein verbirgt.
Zum Beispiel. Oder: Die Heranwachsenden des Nomadenvolks betreten in einer silbernen Mondnacht gemeinsam das Zelt der ersten Liebe.
Oder: Klein Winnetou saugt erstmals am Kalumet und muss kotzen.
Und wir? Die Bleichgesichter?
Initiationen sind im bourgeoisen Europa (und

Nordamerika) zu begütigenden Gesten geworden. In den ersten Jahren wirken die Feen. Die Bürgergesellschaft hat eine Traumwelt, eine Art erzähltes Vor-Hollywood für den Schrecken des Großwerdens konstruiert. Das Kind kann nicht schlafen? Die Traumfee kommt. Das Kleine verliert einen Milchzahn? Die Zahnfee holt ihn unter dem Polster hervor und legt dafür etwas Nettes hin. Das Kind muss in die Schule? Ein ganzer Feenhut voller Aufmerksamkeiten wird überreicht. (An dieser Stelle geht die Initiationskette überdies vom Feen- aufs Kopfbedeckungsmotiv über, das im idealen Fall mit dem Aufsetzen des Doktorhutes endet.)

Also: kein Speer. Kein wildes Warzenschwein.

Aber nur vordergründig. Denn daran, dass die Welt jenseits des im besten Falle warmen und lieben Elternhauses feindlich ist, ändert sich nirgends was. Die anderen sind das wilde Tier. An meinem ersten Schultag stellte sich meine Klasse bereits nach Minuten als schlimm, anarchisch und einfallsreich heraus: Viele Schultüten wurden zu Waffen, die meisten waren bald völlig ruiniert.

Und das System ist das Warzenschwein: An meinem ersten Schultag benützte die Lehrerin die herumliegenden Süßigkeiten, um uns sofort die gelben, unangenehmen Zahnschutzpillen einzureden.

Pumpkin-King rules!

Kürbiszeit:
Erntezeit der reifen Beeren der Pflanzenfamilie Cucurbitae *(Kürbisgewächse), ein Abschnitt im Jahreslauf, der den Anbaugebieten wie u. a. der Steiermark und dem Südburgenland sowohl optisch (Kürbisse sind prachtvoll gefärbt) als auch kulinarisch seinen Stempel aufdrückt. Mittlerweile ist die K.-Zeit in ihrer Bedeutung für das saisonale Essverhalten durchaus mit der Spargelzeit vergleichbar.*

Die gewissen Hundertschaften, die manchmal kommen, um sich über meine Kolumnen zu empören, erschienen letzten November grölend vor meinem Haus. Der Grund: Ich hatte mich mit der Verdrängung hiesigen Allerseelentums durch US-Halloweenerei beschäftigt. Der Tenor ihrer Aufregung: Wie ich dazu käme, es wage, mich unterstehe, den Kürbis bloß als Hollywood-Requisit und nicht als das zu benennen, was er sei: ein Gottesgeschenk, und zwar, bitte, eins für Gaumen, Gesundheit, Geist. Gut. Da rennt man bei mir sperrangelweit offene Türen ein. Ich gebe sofort klein bei und sage: Der Kürbis ist ein Gottesgeschenk, und jetzt gerade ist er noch dazu reif! Auf, auf, Hundertschaften, strömt zu den Bauern und auf die Märkte, studiert die Speisekarten, weil: Pumpkin-King rules!

Aber schon muss ich es wiederholen: Der Kürbis (so gut er gerade mir schmeckt, von mir aus könnte die Spargelzeit entfallen, solange es Kürbiswochen gibt) ist Saat- und Kulturgut aus Ami-Land. Der dem Vernehmen nach erste von Menschen kultivierte Kürbis stammte von der Spezies *Cucurbita texana* ab, und die mutmaßlichen Genießer waren Pueblo-Indianer. Die versnobten Europäer – und auch das, Hundertschaften, ist die Wahrheit! – mochten den Kürbis jahrhundertelang nicht besonders leiden, bauten ihn zwar an, immer größer und größer, ihn schließlich Zentner-Kürbis nennend, um die monströsen Früchte dann doch nur an die Schweine zu verfüttern. Selbst fanden die Hiesigen keinen besonderen Gefallen am enormen Verwandten von Gurke und Melone. Bloß in Kriegszeiten verzehrte man die Riesen, was wiederum wenig dazu beitrug, sie in einem positiven Kontext im abendländischen Bewusstsein zu verankern.

In der Welt schritt die hohe Kunst des Kürbiskochens gottlob fort, und in den späten achtziger Jahren des vergangenen Jahrhunderts, als Menschen wie Willi Dungl „in Österreich weltbekannt“

(Stefan Eibel-Erzberg) wurden, durfte König *Cucurbita* auch hier an die Macht, seiner bekömmlichen Fettsäuren und anderer Vorteile wegen und einfach, weil er so gut schmeckt. Hunderte von Rezepten tauchten auf, Kürbisgemüse, Kürbiscurries, Kürbissuppen und -gratins standen selbstverständlich herum, steirisches Kernöl sickerte bis in die einstens italophilen Beisln der Innenstädte, und Bankdirektoren mümmelten zum Heil ihrer Prostata Kürbiskerne.
Das alles ist schon wirklich wunderbar, aber ich enthülle noch etwas: Halloween, der immer weiter verbreitete Flammen- und Kürbiszauber gegen die bösen Geister, ist ursprünglich ein irischer Emigrantenbrauch, also keltisch, europäisch. Alles klar, ihr Hundertschaften? Um ein einziges Mal mit Reinhart Gaugg zu sprechen: Lasst's mich jetzt in Ruh'.

Rosch Ha-Schana

Zum Beispiel
September – Rosch
Ha-Schana:
jüdisches Neujahrsfest, zweitägig, angesetzt zum ersten Neumond im Herbst (am ersten und zweiten Tag des Mondes Tishri), im christlichen Kalender wechselnd. An Rosch Ha-Schana schließen die „Zehn erhabenen Tage", Bußtage, und der strengste jüdische Feiertag, Jom Kippur. Was den meisten Menschen etwa der 30. September 2000 war, war den frommen Juden der Beginn des Jahres 5761.

Gehören Sie auch zu den Leuten, die sich zum christlichen Neujahr brave Dinge vornehmen – nicht rauchen, abnehmen, brav sein? Ja? Und Sie fallen ebenfalls spätestens bis Dreikönig mit Ihren Vorsätzen wieder um?
Dann achten Sie vielleicht auf das Beispiel der gläubigen Juden. Die nämlich feiern ihr neues Jahr, das zweitägige Rosch Ha-Schana, nicht nur wesentlich früher, nämlich jetzt, sondern sie nehmen auch das mit dem Buße tun ungleich ernster.
Der gestrenge Rebbe Jochanan schrieb im Talmud,

dass zu Rosch Ha-Schana im Himmel drei Bücher des Lebens aufgeschlagen würden: eins für die Gerechten, eins für die Bösen und eins, das dickste, für die Durchschnittlichen. Die Bösen werden zum Tod verurteilt, den Gerechten wird ein gutes Leben geschenkt. Ja, und das Urteil über die Durchschnittlichen wird auf Jom Kippur vertagt. So wird die Zeit nach Neujahr den frommen Juden eine Zeit der Ein- und Umkehr. In der Synagoge wird aus der Tora die Geschichte des gottesfürchtigen Abraham gelesen, der dem Herrn sogar seinen Sohn Izchak als Opfer gebracht hätte. Zur Ankündigung des kommenden göttlichen Urteils erklingt das Schofar, das Widderhorn. Noch im Mittelalter war es zudem üblich, sich in den Zehn Erhabenen Tagen zu geißeln und einen weißen Hahn als Erinnerung an den Sündenbock der Bibel zu schlachten.
Den Bußtag Jom Kippur schließlich verbringt die ganze Gemeinde in der Synagoge, die Männer tragen ihre (weiße) Totenkleidung, um zu zeigen, dass sie des Jüngsten Gerichts gewärtig sind.
Im ersten Violinkonzert des wunderbaren Tondichters Max Bruch gibt es übrigens ein musikalisches Zitat aus einem Gebet, das die gläubigen Juden in den Tagen nach Neujahr zu singen pflegen: das „Kol Nidre“ („Alle Gelübde“). Dieses Gebet bittet Gott, alle im Wahn, im Trunk und im Scherz gegebenen Gelübde wieder aufzulösen, da-

mit man nicht unbeabsichtigt ein Versprechen bricht.
Bei Bruch klingt das ganz sanft und gütig und kann auch den vielen von uns Hoffnung geben, die wir ebenfalls im dicken Buch der Durchschnittlichen verzeichnet sind.

Privozniks Profit

Kastanienklauben: herbstlicher Kinderbrauch, von Mitte September bis Anfang Oktober in allen Gebieten des Landes verbreitet, in denen Aesculus hippocastanum, *die Rosskastanie, gedeiht. Die für den Menschen ungenießbaren Früchte werden zum kleineren Teil zu Ketten oder Tierskulpturen verarbeitet, zum Großteil der Wildfütterung geschenkt oder zu Kleinstbeträgen verkauft.*

Wir Heiligenstädter Buben sammelten Mitte der Siebziger an jenem Abschnitt des Treppelwegs, den wir die Donauallee nannten, zwischen Nußdorf und dem Hafen Kahlenbergerdorf, dort hatten die Kastanien den Vorteil, dass sie frei standen, riesige Kronen entwickelten und zahllose Früchte fallen ließen. Der schmale, asphaltierte Radweg hatte sich durch zerquetschte Fruchtmäntel in eine gefährliche Schleuderbahn verwandelt, wenn wir mit unseren Bananensattelrädern einritten, Fuchsschwänze an den Lenkern. Wir füllten Nylonsackerln und rupfene Netze, aus denen wir zuvor die Zwiebeln und Erdäpfeln unserer Mütter und Großmütter gekippt hatten. Wenn wir endlich,

viele gesammelte Kilos neben uns, in der vorabendlichen Donauallee lagen, waren wir glücklich.
Und die Frage erhob sich: Wer fährt zu Inku? Ja, Inku. Der Bodenbeleger kaufte damals in Klosterneuburg von Kindern Kastanien an. Nie wurde geklärt, ob sich der Vorstand von Inku eine geheime Wildschweinherde hielt oder das Unternehmen lediglich Bürgernähe zeigen und mit den Kastanienkindern auch gleich Eltern ins Land des Kunstfaserteppichs führen wollte. Jedenfalls endete die Geschichte immer gleich: Privoznik fuhr. Privoznik, ein fülliger Klassenkamerad, mäßig beliebt außerhalb der Kastanienzeit, während derselben aber ein Held. Privoznik nämlich besaß einen Karren und eine Kupplung, mit deren Hilfe er jenen an sein Fahrrad hängte. Privoznik konnte quasi freihändig rauf zu Inku radeln und Hunderte Kilo Kastanien mit sich ziehen.
Nun, am Abend des Sammeltags, schlug seine Stunde: Er rechnete uns kühn vor, wie wenig unsere ungezählten, ungewogenen und schäbigen Kastanien da oben bei den Halsabschneidern von Inku schon erzielen konnten. Er würde uns unsere Beute einfach abkaufen, sagte er. Dem einen gab er ein billiges Kirtagsmesser, dem anderen eine Fußballspielersammlung, ich kriegte einmal ein Quartett „Jagdflugzeuge“, das ich immer noch habe. Er hat uns sicher gelinkt, aber wir willigten jedesmal ein. Niemals sagte Privoznik, wie hoch sein

Erlös gewesen war, noch, was er damit gemacht hatte. Aber er fällt mir immer ein, wenn ich im September am Treppelweg bin, dessen Kastanien meist schon entlaubt sind, vor der Zeit, von den Miniermotten erst rot, dann kahl gefressen. Dann denke ich an Privoznik und werde melancholisch. Dabei habe ich gehört, dass die Melancholie das erste psycho-soziale Unterleiberl des angehenden Pensionisten ist. Ich zwinge mich, an etwas Nettes zu denken, beispielsweise daran, dass bald der Sturm kommt.

Die Sonne geht und bleibt

Weinlese:
Die Lese der reifen Trauben
des Rebstocks (Vitis vinifera)*,*
in unseren Breiten traditionell
in der ersten Oktoberhälfte,
führt in Weingebieten (außer
vielleicht bei den schwer
arbeitenden Winzern)
zu einer kollektiven,
wehmütig-glücklichen
Seelenverfassung.

Den Wein des Barbarenlandes, also unseren, bezeichnete der römische Historiker Tacitus schlicht als Essig. Sein Nachgeborener, der Kaiser Probus, wollte die Wiener Garnison trotzdem nicht allzu traurig sehen. Er ließ die Zenturionen die saure Rebe kultivieren, und der heimwehkranke Legionär aus Rom sang das Lied, wonach ein Wein sein werde, er selbst aber nimmer in Wien.

Nach Probus, dem Braven, heißt heute eine Gasse im Wiener Neunzehnten, wo auf ein normales Haus drei Heurige kommen. Darüber hinaus ist die ganze Geschichte bald zweitausend Jahre her, und es heißt und wird schon stimmen, dass gewisse Tropfen aus Österreich zu den ganz guten im Weltdorf zählen.

Einem Wiener Lese-Freund wie mir sind die gewissen Tropfen aber eher egal. Ihm reicht, was ihn beim Heurigen erwartet: eher weiß, eher sauer und für alle außer Gastronomiekritiker ziemlich okay. Er trinkt also ein Viertel, möglicherweise zwei, er merkt, dass im Wein Wahrheit, Trost und, man muss es sagen, auch Spaß wohnen. Der Lese-Freund lässt sich von den warmen Aufwinden des Oktober, in denen die Kinderdrachen fliegen, auf die Höhen des Nussbergs oder der Eisernen Hand tragen. Dort, wo lieblich stinkende, altmodische Traktoren die Traubenernte heimzerren, dort trifft er seinesgleichen, die sich wie er mit seligem Blick davon überzeugen, dass das, was in der Vergangenheit getrunken wurde, für die Zukunft wieder nachgewachsen ist.

Lachende Alte sitzen unter Föhrenbuschen, rülpsende Kinder wischen sich die mostverschmierten Hände an neuen Sonntagshosen ab. Lieder werden gesungen.

Und was den Wein betrifft, kann der Spaziergänger Wien eine beruhigende Selbstversorgerschaft attestieren. Er geht nach Haus und früh ins Bett. Anderntags wird ihm ein bisschen sauer, und er hat den Winter klar im Blick.

Oktober

Party mit Abhängigkeiten

Erntedank:
Feier der eingebrachten Ernte, im katholischen Österreich lokal unterschiedlich angesetzt, in evangelischen Gegenden Deutschlands meist am 30. September bzw. am ersten Sonntag nach Michaelis.

Hejo, lautet der absonderliche Zuruf im alten Volkslied, spann den Wagen an! – Wenn man Glück hat, ist vor dem Regen alles im Trockenen, Schäfchen wie Früchtchen. Irgendwann zur Zeit der herbstlichen Äquinox ist es soweit: Erntedank. Schon wieder eine Party.

Die Landarbeiter schmücken das letzte Fuhrwerk mit späten Blumen, bunten Bändern, Lametta glitzert am lotrechten Auspuff des blitzblank polierten Steyr-Traktors.

Vor allem das starke Gefühl der augenblicklichen Erleichterung lenkt die Hand des Schmückenden, und doch erinnern ihn seltsame Bräuche an Vergangenes, weniger Tolles: In manchen Gegenden schmückt man bis heute die so geheißene Zehent-Garbe und pflegt damit, zumindest unbewusst, die liebe Erinnerung an alte Abhängigkeiten vom Pfaff und Aristo. Bis weit in die jüngste Vergangenheit hinein existierte auf großen Gütern überdies der Brauch, die Chefs, also die Herrschaft, auf den Feldern zu begrüßen, anschließend mit bunten Strohschnüren symbolisch zu binden und einen ebenso symbolischen Freikauf, in Wahrheit ein Trinkgeld, zu fordern.

Das gab es auch, und dann tschüs. Winter kommt.

Mag es auch duften an jenem Tag im September, mag der Himmel blauer sein denn je und die Ernte vielleicht sogar reich, das dazugehörige Fest atmet aus vielen hübsch geschminkten Mündern den Hauch der Unfreiheit.

Die Landleute Österreichs, namentlich des östlichen, wurden de iure von Josef II., de facto von der 48er-Revolution aus der Leibeigenschaft befreit, die Herren blieben, auch wenn sie im republikanischen Teil der Geschichte zusehends andere Namen trugen: Höher als der Kirchturm, der Bergfried von einst, ragt jetzt der Silo der Raiffeisenkasse in den nachsommerlichen Erntedankhimmel, und der Wille derer von Brüssel hat die Notwendigkeit sichtbarer Herrschaftszeichen überhaupt hinter sich gelassen.

Wie lang dauert die Erleichterung wirklich? Bis morgen? Hejo.

A Maroni hamma da!

M a r o n i s a i s o n :
*Zeitspanne (Oktober bis März), zu der die Früchte der Edelkastanie (*Castanea sativa*) in den Städten von Maronibratern feilgeboten werden. Irgendwie das Gegenstück zur Saloneissaison.*

„Wem das Gehirn durch Trockenheit leer ist, und der daher im Kopf schwach wird“, jenem empfahl Hildegard von Bingen, sogleich Maroni zu essen, und zwar möge er die Kastanien „vor und nach dem Essen nehmen und sein Gehirn wächst und wird wieder gefüllt, und seine Nerven werden stark.“ Das wünschen wir uns alle, und daher begrüßen wir die Maronizeit. Kleine, zylinderförmige Buden ummanteln zylinderförmige Holzkohlenöfen, in denen sich zylinderförmig bekleidete Männer mit dem Braten von Edelkastanien beschäftigen.
Diese Brater eröffnen ihre Standln ungefähr jetzt. Am ersten echt kalten Tag. Der richtige Zeitpunkt ist entscheidend für die Akzeptanz durch die Saison hindurch. Öffnet der Brater zu früh, am allerletzten Altweibersommertag etwa, macht er sich als Kas-

sandra unbeliebt, als Saatkrähe zur Unzeit. Sperrt er zu spät auf, mag sich die Kundschaft bereits anderen Straßenverpflegungen zugewendet haben.
Befragt man seinen Nächsten zur Edelkastanie, kommt sofort Romantik auf: Maroni dampfen, der Atem dampft, alles riecht so gut, sagt meine Frau. Man hält dieses Stanitzl, bemerkt mein Schwager, man isst etwas Gutes, und plötzlich hat man warme Hände. Ich komme mir bei so viel Warmherzigkeit fast mieselsüchtig vor, wenn ich mit dünner Stimme widerspreche: Nein, sage ich, oft kauf' ich mir lieber die Bratkartoffeln und lass' mir Mayonnaise draufhauen. Warum? Weil viele Maroni einfach schlecht sind, faul, verbrannt, schlichter Betrug. Ich weiß es doch: Jeden Frühling finde ich diese geschwärzten Leichen in den Taschen meiner Mäntel wieder, jene nicht verzehrten, weil verdorbenen Maroni, wie triste halbierte Zwergengehirne liegen sie in den Fusseln und berichten vom Niedergang einer Kultur.
Natürlich liebe ich gute Maroni. Nur: Wo gibt es die? Etwa in Wien? Ganz schwer zu sagen, und zwar deshalb, weil kaum einer der kundigen Brater verlässlich am selben Ort bleibt. Es herrscht schaustellerische Vaziererei. Es gibt Einzelunternehmer und kleine Ketten, die Saisonniers und manchmal gar Taglöhner ohne echte Kompetenz beschäftigen. Den guten Brater findet man noch am besten mit der Nase, und dann vergewissert man sich seiner

Erkenntnis, indem man den Zylinderförmigen beobachtet. Worauf es ankommt?
Der Brater muss den Überblick bewahren und neben gutem Rohmaterial stets Antwort auf ein Geflecht von Fragen haben: Welche Marone liegt wo wie lange schon bei welchem Status der Holzkohlenglut im rabenschwarzen Rund? Seine Rolle gleicht derjenigen, die Romanciers als die des allwissenden Chronisten kennen. Soll hier heißen: Romantik kann auch einfach gutes Handwerk sein.

Schuldig essen

Wildbretwochen:
im Oktober, zur Rot- und
Rehwildjagdsaison
angesiedeltes kulinarisches
Ritual, bei dem das Fleisch
der genannten Spezies,
aber auch jenes von
Schwarz- und Niederwild,
bevorzugt im eigenen
Saft und unter Trinken
größerer Mengen Rotweins,
verspeist wird.
Österreichische
Küchen-Traditionalisten
halten sich allherbstlich
oft wirklich mehrere Wochen
lang beim Wild auf, ehe sie
sich dem nachrückenden
Fressbrauch, dem
Martinigansl, zuwenden.

Draußen, ja, da regnet es. Vorzugsweise. Der Regen fällt auf das gut gedichtete Dach und macht dabei doch ein anheimelndes, naturnahes Geräusch, das, so findet der Hungrige, gut zum altrosa gedeckten Wirtstisch, zu den Kerzen und den bauchigen Rotweinkelchen passt. Im Idealfall heizt der Wirt per Kachelofen. Jetzt kommen die Teller. Drall glänzt der Erdäpfelknödel. Ölig schimmert das Rotkraut. Schwer fällt die Ladung des gehäuften Esslöffels Preiselbeeren auf den Tellerrand. Das Fleisch ist

rosa, es riecht nach Wurzeln. Der Herbst kann so schön sein.
Wie Sie den vorigen Zeilen entnehmen können, gehe ich gern Wild essen. Wie Sie den folgenden Zeilen entnehmen werden, mag ich die Jagd eher nicht. Schwitzende, schnaufende Männer (und, ach, auch Frauen) bewegen sich bemüht leise, aber für Außenstehende doch bedrohend, durch heimische Wälder. Die bis auf ihre bizarren Kopfbedeckungen paramilitärisch bekleideten Menschen klettern auf unbequeme Hochsitze, von wo aus sie Hirsche und Rehe aus dem Hinterhalt töten. Vorher haben sie vielfach Zigtausende bezahlt, um töten zu dürfen. Nachher bezahlen sie noch einmal Zigtausende, um sich Leichenteile der Getöteten an die Wand hängen zu können.
Und die Betroffenen? Diejenigen, die angeblich dezimiert werden müssen? Vor ein paar Jahren zählte eine Biologengruppe die Tierarten im Wiener Prater. Man fand auch ein Reh, das aber nicht in die Inventarliste aufgenommen wurde. Rehe, begründete ein Säugetierforscher, seien in Österreich keine Wildtiere, sondern die Haustiere der Jäger. Muss die Jagd sein, damit wir ans altrosa Tischtuch können? Gibt es keinen Brückenschlag über diese weltbildliche Sollbruchstelle vieler Österreicher?
„*Zahm* aller Art und Zubereitung!" schrieb mein Freund, der steirische Althippie Nemo, jeden Herbst auf eine Schiefertafel, nachdem er das

Einschichtgehöft seiner verstorbenen Eltern in ein entzückendes Waldwirtshaus verwandelt hatte. Was er mit Zahm meinte, weidete hinter dem Haus in einem weitläufigen Gehege: Streichelbereite Rothirsche, von den Flintenträgern der Gegend verächtlich „Industrie-Hirsche" genannt. Ihr Fleisch war vorzüglich, und ich machte wie viele Menschen gern bei Nemo Halt. Als er Ende der neunziger Jahre eine Steuernachzahlung größeren Ausmaßes bekam, schenkte er all sein „Zahm" einem Wildpark, verkaufte das Haus und ging nach Puerto Escondido, wo er eine vegetarische Bar eröffnete. Sein einziges Tier: ein Gürteltier. Bleibt immer wild, sagt Nemo.

Fliegende Hirsche

Drachensteigen:
aus meteorologischen
Gründen hierzulande
herbstlicher Brauch,
spielerisch und Generationen
übergreifend. Möglichst
leichte Segelflächen jeder
Farbe und Form steigen
an Leinen in den
österreichischen Himmel. Die
Skala der Ausübenden dieses
Brauchs reicht vom
sportlich-ambitionierten
Lenkdrachenflieger bis zum
schimpfenden Familienvater
mit der zerrissenen
Papier-Raute hoch im
Alleebaum.

Die Geschichte beginnt bei den Erfindern von Schach und Feuerwerk, also in China. Wir wissen von einem General namens Han Hsin, der, um die Distanz zu den Mauern einer belagerten Stadt zu messen, den mutmaßlich ersten Drachen steigen ließ. Der 196 vor Christus verstorbene Offizier hinterließ dem Reich der Mitte seinen Drachen als Armeerequisit, das außer in der Distanzmessung auch als Signal in der Feldkommunikation und psychologische Waffe gegen die Mongolen eingesetzt wurde.

Erst anderthalb Jahrtausende später kam der Drachen nach Europa, und ausgerechnet in Wien, der *Windy City* der Alten Welt, könnte einer der ersten geflogen sein, denn eine Wiener Handschrift aus dem Jahr 1430, die in der Österreichischen Nationalbibliothek liegt, ist der erste Beweis seiner Existenz im Abendland. Von einem *draco volans* mit Monsterantlitz ist die Rede, der ausschließlich der Verblüffung der Zuseherschaft diente.
Das Europa der früheren Neuzeit wollte sich mit diesem profanen Aspekt lange nicht zufrieden geben und spannte den „Fliegenden Hirschen“ (*cerf-volant* heißt der Drachen bei den Franzosen) beständig für Wissenschaft und Technik ein. Benjamin Franklin wies 1752 mithilfe eines hochfliegenden Drachens die Elektrizität der Wolken nach. Der Brite George Pocock entwickelte von Drachen-Systemen gezogene Leichtkutschen für maximal fünf Personen, die zum Entzücken der Society in den zwanziger Jahren des 19. Jahrhunderts durch Südengland fuhren. Und der gebürtige Schotte Alexander Graham Bell, als Erfinder des Telefons unsterblich geworden, trieb den Personen-Drachenflug (ein heute vergessener, aber maßgeblicher Vorläufer der Fliegerei) in ungeahnte Dimensionen: Sein bemannter Drachen „Cygnet“ musste von einem Dampfschiff in die Höhe gezogen werden, ehe er nach siebenminütigem Flug

abstürzte, wobei der Pilot in den Fluss fiel und unverletzt blieb.
Heute scheint der Drachen wieder bloß Spiel und beglückende Sinnlosigkeit zu sein. Wobei Drachensteigenlassen noch immer im Dienst der Aufklärung steht: Wo sonst könnten Kinder so schön die Fehlbarkeit und Wut ihrer Väter studieren? Denn was schon Han Hsin wusste: Drachen fallen runter und gehen kaputt.

Oktober: Kulturland sein

Weltspartag (International Saving Day), 31. Oktober: 1924 begründeter, seit 1989 von der UNO anerkannter Thementag, der in Zeiten der Weltwirtschaftskrise den Vorsorgegedanken beflügeln sollte, und heute vor allem von den Strategen der Geldinstitute und von unzähligen schnorrenden Kindern jeweils als eine Art Heischebrauch begangen wird.

Es war die ehrwürdige Cassa di Risparmio delle Provincie Lombarde, die Ende Oktober 1924 den Internationalen Sparkassenkongress in Mailand initiierte, „die erste Tagung der Sparkasseninstitute aller Kulturländer", wie es in der Einladung hieß (29 Länder nahmen teil). Der Schlusstag des Treffens, der 31. Oktober, so forderte der teilnehmende römische Ökonom Ravizza, solle künftig als Weltspartag begangen werden, wobei der Spargedanke damals nicht allein das Geld betraf; auch an „der Zeit, der Kraft und den Dingen" sollte gespart werden, hieß es in der von Ravizza verfassten Resolution.

Die Idee fand ein unerwartet großes Echo. Selbst in

Wien wurde bereits am letzten Oktobertag des Jahres 1925 weitläufig weltgespart.
Davon wussten wir fünfzig Jahre später freilich nichts, wir, die wir wie die meisten Hiesigen am hingebungsvollsten wohl in der Volksschule weltgespart haben. Dort wurde dies von unserer Lehrerin nicht nur erklärt und angeregt, die Frau gab zum Bankbesuch sogar eine Stunde früher frei.
Und dann gingen wir los mit unserem Hunderter. Oder mit weniger. Oder mehr. Man kann sagen, dass der Schilling-Hunderter Mainstream bedeutete. Einen solchen trugen die meisten zur Bank, ich auch. Einen solchen hatte man selber zusammengekratzt oder knapp vor dem Weltspartag erschnorrt.
Extreme gab es auch. In unsere Klasse ging die Meier. Die Meier war immer die einzige, die zwei bis drei Hunderter zusammenbrachte, und zwar allein. Stolz ging sie zur Bank und bekam zum obligaten Hauptgeschenk ob der schieren Menge Geldes stets noch ein kleines tristes Ausmalbuch dazu.
Jener Privoznik, der an dieser Stelle schon einmal erwähnt wurde, hatte eine andere Strategie. Den am Morgen erbettelten Hunderter gab er im Verlauf des Weltspartages zu weiten Teilen aus, mit dem Rest des Geldes schritt er, auf Mitleid hoffend, zur Bank.
Einmal nahm er mich mit. Das Institut sperrte gerade.

„Wir wollten eigentlich …“, sagte die Schalterfrau. Privoznik machte ein liebes Gesicht, legte sein Sparbuch und einen Zwanziger auf den Tisch und sagte: „Bitte“.
Die Frau machte den Eintrag und verschwand murmelnd in einem Kämmerchen. „Da war noch was“, sagte sie und kam mit einer Art blechernen Köfferchen zurück. Es war ein Laubsäge-Set in der Metallkassette. Ohne Sparkassenlogo. Das beste Weltspartagsgeschenk aller Zeiten.
„Bitte“, sagte Privoznik noch einmal. Draußen, zu mir, in einem ganz anderen Tonfall. Dem des Triumphs.

November

Kulturkampf der Toten

Allerseelen:
katholischer Totenfeiertag (2. November), zu dem – ebenso wie am vorhergehenden Allerheiligentag – die Gräber der verstorbenen Verwandten im Familienverbund aufgesucht, gepflegt und geschmückt werden. Das traditionelle Jahresritual wird in der Gunst der jüngeren Generation zunehmend von US-amerikanischen Halloween-Neubräuchen verdrängt oder abgelöst.

Sagt eine Mutter am großen Spielplatz der Jesuitenwiese (hätte Wolf Haas von einer „Kampfmutter“ geschrieben, wäre ihm schwer zu widersprechen gewesen) zu zwei anderen (solchen) Müttern: „… und jetzt, bitte, jetzt müssen die alle auch Halloween spielen, wie in diesen depperten Hollywoodfilmen, mit den Kürbissen und der Schnorrerei. Warum, bitte, müssen wir den Amis *alles* nachmachen, ich mein’, früher sind wir zum Friedhof gefahren mit den Eltern, wir ham Kränze gekauft und Kerzerln angezündet und irgendwie so ein Gefühl für Zeit und Generationen gekriegt, das war, bitte, auch nicht so schlecht …“

Die drei Frauen sind fesch angezogen, wohlgebräunt und wachsam. Eine sagt: „Ich hab kein einziges Paar Schuhe mehr ohne Sandkistensand drin.“ Die Söhne der drei Mütter errichten unter dem Fort in der Sandkiste einstweilen ein Waffenlager. Mutter zwei und Mutter drei nicken schmalmündig, während Mutter eins weiter spricht: „… und wenn sie wenigstens diese komischen Masken selber schnitzen würden, aber nein, ich mein', es müssen die Plastikmasken sein, sauteuer, der Handel wittert natürlich sofort ein Geschäft …“

„Bei mir“, sagt Mutter drei tonlos, „haben sie's selber schnitzen wollen. Ausgeschaut hat's wie bei den Schweinen. Und der Bodo hat sich eine Sehne in der Mittelhand durchgeschnitten.“

„Und diese Filme“, sagt jetzt Mutter zwei, „ich hab der Jodie jetzt wieder zwei Halloween-DVDs weggenommen.“

„Und auf den Friedhof kriegst' sie überhaupt nimmer.“

„Keine Chance.“

Ich sitze gerade noch in Hörweite. Ich zeige nicht, dass ich alles verstehe, geschweige denn, dass ich mich ein Wort zu sagen traute. Ihnen, verehrte Leserschaft, sage ich jetzt beiseite, wie es bei Nestroy heißt: Ich fand es als Bub fast immer fad am Friedhof (und gewöhnte mir erst in adoleszenten Melancholie-Phasen freiwillige Ausflüge auf

Freund Heins Äcker an), ich verstehe also jedes Kind, das lieber Halloween-Gruselspiele treibt, als Kerzerln an der Simmeringer Hauptstraße anzündet. Außerdem glaube ich daran, dass europäische Kinder den kapitalistischen Charakter US-amerikanischer „Trick or Treat"-Spiele rasch erkennen und dekonstruieren. Beweis: Am letzten Allerseelentag läutete es an unserer Tür. Draußen standen zwei völlig unmaskierte Buben in Jeans und Pullovern. Sie fummelten mit einer winzigen Taschenlampe, auf der ein mickriger Gummikürbis steckte. „Schrecken oder Geld", krakeelten sie.

Wir mussten ziemlich lachen und schenkten immerhin mehrere Kekspackerln her.

Opfertier der Großzügigkeit

Martinigansl: traditionell zum Tag des Heiligen Martin (11. November) verzehrtes Festgeflügel, vorzugsweise fett, klassischerweise goldbraun gebraten, serviert im eigenen Saft mit Erdäpfelknödeln und Rotkraut. Das Martinigansl-Essen ist zugleich Beleg für die hohe Esskultur der Mitteleuropäer wie für deren ungesunde Ernährungsweise.

Ehe er starb und fortan der Heilige wurde, lebte Martin als hunnischer Ritter der rastlosen Art, der es um die Mitte des vierten Jahrhunderts von Ungarn bis ins Gallische schaffte, was damals tatsächlich eine weite Reise war. Am Ende jener Reise ein Gottesmann geworden, brachte es dieser frühe Paneuropäer zum Bischofsamt von Tours (375) und nach seinem Ableben (vermutlich um 400) sogar zum Schutzpatron Frankreichs.

Dass er überdies der Heilige der Großzügigen und Barmherzigen ist, geht auf eine Anekdote seines Wanderlebens zurück, die beinah jedes Kind kennt: Dem stolzen Martinus stellt sich ein frierender Bettelmann in den Weg, der Ritter zieht sein Schwert, teilt seinen Mantel entzwei, um die Hälfte dem Bedürftigen zu schenken, und legt das letzte Stück bis Gallien quasi im Stutzer zurück. Wir erkennen: Hier geht es um Verzicht. Dass nun gerade einem so noblen, bescheidenen Gottesmann das vielleicht größte Fressen im kirchlichen Jahr gewidmet ist, klingt paradox.

Die Literatur bietet uns zu dieser Frage keine wirklichen Erklärungen an: Selbst Wilhelm Busch, der Große, bemerkt in seinem „Naturhistorischen Alphabet“ beim Buchstaben G nur apodiktisch: „Die Gams im Freien übernachtet, / Martini man die Gänse schlachtet.“

Gewisse Gewohnheiten des Menschen sind eben so. Und waren immer. Wenn der ganslessende Österreicher nun wenigstens sein Schwert zöge, um die Hälfte der Mahlzeit, hinaus, sagen wir auf den Karlsplatz, zu den Hungrigen zu tragen.

Aber nein, es schmeckt zu gut, wir essen alles selbst, bis wir rülpsen, umfallen oder dem Infarkt erliegen. Martin, der Barmherzige, ist uns nur noch in einer kleinen unscheinbaren Tatsache nah: Wer zum Wirten geht, zieht den Mantel aus.

Fass und Schleier

Fasslrutschen:
possierlicher, dem Fremden oft bizarr erscheinender Brauch zum Fest des Heiligen Leopold (der Babenberger-Markgraf Leopold III. ist Schutzheiliger Wiens und Niederösterreichs), bei dem man in Klosterneuburg das größte Fass des Landes (das sogenannte 1000-Eimer-Fass, Inhalt: 56.000 Liter) erklettert und anschließend hinunter rutscht.

Leopold III., der von 1073/75 bis 1136 lebte, war ein Guter, sicherlich nicht ausschließlich, aber zumindest, wenn man ihn an den anderen Babenbergern seines Vornamens misst (wir kennen I bis VI, darunter den ebenso furchtlosen wie furchtbaren Löwenherz-Kidnapper Leopold IV.). Leopold III. förderte die Künste, was in den Reihen seines Geschlechts so etwas wie eine schrullige Passion war, und heiratete gleichermaßen aus Liebe wie aus Schläue die Prinzessin Agnes, Schwester des Kaisers Heinrich V., was ihn zum angeheirateten Verwandten der Salier und der Staufer machte.

Der Sage nach entriss seiner Frau der auf dem heutigen Leopoldsberg bekanntlich herbe Wind einen prachtvollen Schleier, trug ihn weit übers Land, und der Herzog ging ihn suchen. An der malerischen Stelle im Auwald der Donau, wo er das Gespinst schließlich fand, gründete er das Stift Klosterneuburg, wofür ihn Rom 1485 heilig sprach.

In den Kellern dieses Klosters steht seit 1704 ein Riesenfass, und die Feiernden rutschen dessen Buckel runter. Weshalb sie das zu tun begonnen haben, ist nicht ganz geklärt. Das Fass enthielt einst jenen Zehentwein, den auch die kleinsten Bauern dem Stift abzugeben hatten; das Fasslrutschen mag also eine späte Rache der Geschröpften sein, eine posthume Befreiung der Ahnen vom Joch.

Fasslrutschen wird alljährlich zum 15. November von sehr vielen Menschen, die sich für den Brauch lange anstellen, betrieben. In der Mehrzahl sind es Kinder, aber auch Erwachsene steigen auf das 1000-Eimer-Fass. Der rutschende Erwachsene mag dabei an den Heiligen denken. Oder an andere gute Leopolde wie den Habsburgerkaiser Leopold I. (1640–1705), der aussah wie Dalí, Opern schrieb, die Bettler in seine Kutsche lud und sich lange weigerte, aus seiner von der Pest zerfressenen Lieblingsstadt Wien zu flüchten. Oder an Leopold Figl, der am 15. Mai 1955 „Österreich ist frei" über die Belvederegärten schrie und damit als erster alle Österreicher meinte.

Er muss auch überhaupt nichts denken. Er trinkt ein Viertel reschen Klosterneuburger. Er steigt die Stufen hinauf. Es riecht sanft nach Wein und nach Herbst. Du glückliches Österreich, rutsche.

Warm oder Warm

Einheizen: Aus dem im vor- und inneralpinen Klima Mitteleuropas einst obligaten winterlichen Feuermachen ist in Zeiten von Nachtspeicher, Zentral- oder Etagenheizung und Fernwärme namentlich in den Städten eine Kette sentimentaler Restrituale geworden, die sich in Kachelöfen und offenen Kaminen sowie deren priesterlich-umständlicher Bedienung offenbart.

Es gibt noch Unterschiede zwischen Stadt und Land, die sind so unverrückbar wie ein Berg, so tief und trennend wie ein breiter Strom. Sie sind kapital. Da mögen die Reklamefritzen einer strauchelnden Kommunikations-Branche noch so laut ihr Mantra vom globalen Dorf repetieren, da mögen Marktschreier weltweiter Vernetzung hundertmal säuseln, dass Laptop und Modem Provinz und Weltstadt gleichgemacht haben. Es gibt sie trotzdem, diese Haarrisse zwischen scheinbar aufeinander zu gerückten Wirklichkeiten. Einer dieser Unterschiede ist die Art, wie man Behausungen wärmt, wenn einem der Winter mit seinem eiskalten Zeigefinger auf die Schulter tippt. Heizen

also. Warm ist nämlich nicht warm. Warm oder warm ist sogar ein himmelweiter Unterschied.
In der Stadt läuft es so: Irgendein früher Novembermorgen kriecht einem klamm die Wirbelsäule empor, und dann dreht man am Thermostat. Eine Therme flackert fauchend auf, oder, noch seltsamer und abstrakter, Fernwärme kriecht in die Heizkörper, ein trockener, bürokratischer Widerspruch zur Kälte der Jahreszeit.
Auf dem Land, wie ich es noch kenne, läuft die Geschichte anders: Bereits im frühen September mag es so weit sein: Knatternd, später zischend, schließlich in beinah lautloser Ergebenheit treten die besten Freunde des Provinzlers im Winter, seine Kachelöfen, ihren Dienst an.
Das bedeutet: Einer im Familienverbund ist morgens Opfer. Er oder sie taumelt, in dicke Jacken gewickelt, durch das erfrorene Haus, er oder sie knüllt alte Zeitungen zusammen, legt eine Schicht Späne drauf, türmt erst Weichholz, also Fichte oder Lärche, dann hartes, meist Buche, drauf, ein Zündholz flammt auf, das Feuer kommt.
Draußen, vor den Eisfenstern, ist es dunkel und tot. Kaum Licht trägt der erwachende Wintertag zu dieser Stunde bei sich. Die erste Flamme wärmt die ihr entgegen gestreckten Finger. Das Ofentürl, noch so eine Regel auf dem Land, wie ich es kenne, bleibt solange offen, bis von den Scheiteln kein Holz mehr zu sehen ist, nur noch der Glutstock.

Man macht jetzt zu. Dann kann man zurück ins Bett. So ein Heizen ist ein Hand-, wenn nicht ein Kunstwerk.
Die Rede ist hier von Nah- statt Fernwärme. Genau. Das nämlich ist der Unterschied zwischen warm und warm. Nah und fern. Ein Winter, zwei Welten, wie gehabt.
Der Städter wirft ein von der Gemeinde vor der Wohnungstür abgeliefertes Buchenscheit in den offenen Kamin und versenkt sich in die Reste Urzeit, die in seinem Unterbewussten hocken. Was da flackert, sind die Geister an den Wänden der Höhle. Sicher.

Dezember

Lichter im Rauhen Haus

Adventkranz:
vergleichsweise junger, die Vorweihnachtszeit begleitender Lichterbrauch, bei dem vier Kerzen auf einem meist aus Tannenzweigen bestehenden Kranz bis Weihnachten nach und nach entzündet werden, wobei der grüne Zweig das (menschliche) Leben symbolisiert, das Licht hingegen Christus. Von den protestantischen Ländern Deutschlands ausgehend gelangte der Brauch erst um die Mitte des 20. Jahrhunderts nach Österreich.

Männer und Frauen dieses Landes, begrabt endlich euren austro-zentristischen, gegenreformatorischen Dünkel! Kleine Umfrage unter meinen Freunden: Wie lange gibt es den Adventkranz und woher kommt er?
F., Filmfrau, die ihre Wohnung stets mit allem geschmückt hat, was gerade aktuell ist, sagt: „Den gibt's ewig. Das ist sicher vorchristlich. Alles mit Zweigerln und Bäumen ist doch heidnisch. Dieses Naturmystische, das sich dann irgendwie mit dem Katholischen verbindet …"
Dann R., Journalistin, sprachbegabt und immer

g'schwind mit der Antwort: „Gibt's wahrscheinlich sehr lange, könnte irgendwie der Christbaum der armen Leute gewesen sein."

Und H., der Kommunikationstheoretiker. Er sagt: „Eine ur-österreichische Geschichte, Monarchie, kommt doch in allen diesen Rosegger-Weihnachtsgeschichten vor ..."

Meine Freunde, ich mag euch, aber alles ist falsch. Den Kranz gibt es nicht ewig, er hat nichts mit den Heiden zu tun, er war kein Vorläufer des Weihnachtsbaums, und Rosegger hätte den Kranz gleich dorfschulmeisterlich-apodiktisch geleugnet. Wenn wir den Adventkranz in seinem Werke brennen sehen, dann bloß, weil wir ihn völlig vereinnahmt und unserer höchstpersönlichen Austro-Mythologie einverleibt haben.

Es ist nämlich eigentlich so: Der Adventkranz kam aus dem protestantischen Hamburg und zwar erst vor kurzem.

Der Adventkranz ist kein allmählich entstandener, sondern ein energisch begründeter Brauch, und zwar vom Theologen Johann Hinrich Wichern (1808–1881), dem Begründer der Inneren Mission, der in Hamburg eine Erziehungsanstalt mit dem Namen Das Rauhe Haus leitete.

Wicherns Kranz hatte ursprünglich 24 Lichter, für jeden Tag des Advents eine, wobei den Sonntagen größere Kerzen gewidmet waren. Diese vier schafften es bis in die evangelische Volkskultur und traten, beflügelt auch von der lichterbeseelten Jugendbewegung, Anfang des 20. Jahrhunderts ihren Siegeszug gen Süden an.

1925 hing erstmals ein Adventkranz in einer katholischen Kirche, und zwar in Köln, 1930 schaffte es ein anderer bis nach München. Österreich bekränzte sich erst nach dem Zweiten Weltkrieg, und zwar ganz langsam.

So ist das. Was die meisten richtig beantworteten, war die Frage nach den bevorzugten Kerzenfarben: Drei violett, eine rosa. Letztere feiert den Dritten Adventsonntag (Gaudate!). Es gibt aber auch die Anordnung: zwei gelbe, eine rosa, eine weiß.

Und überhaupt: Bitte keine neuen Dogmen. Der Kranz gehört allen, auf jede Weise.

Stillere Lichter, anderes Fest

Zum Beispiel Dezember – Chanukka: achttägiges, jüdisches Lichterfest, im christlichen Kalender wechselnd von November bis Dezember, das an den Sieg der Makkabäer über die Seleukiden und an die Wiedereinweihung des Zweiten Tempels von Jerusalem 165 vor Christus erinnert. Zu Chanukka entzünden gläubige Juden täglich eine neue Kerze an der Menora, dem achtarmigen Leuchter, Kinder bekommen Süßspeisen und Geschenke.

Österreichische Städte in den dunklen Nächten des Vor- und Mittwinters: Überall ist Licht, Weihnachtslicht, Licht aus Millionen kleinen Lampen, die sich zu Sternen, zu Kometen, zu ganzen Heiligen Familien reihen. Es ist soviel Licht, dass der den Travnicek verkörpernde Helmut Qualtinger auf die Frage, was er sich zu Weihnachten am meisten wünsche, antwortete: „Aan Kuazschluss!" So viel Licht, dass manche Lichter kaum noch auffallen, auch wenn sie ganz etwas anderes meinen.
Die acht Lichter, die von frommen Juden zu Chanukka, im Kalender unweit von Weihnachten

gelegen, entzündet werden, weisen auf eine ältere Geschichte hin: Anderthalb Jahrhunderte vor Geburt des Verursachers von Weihnachten herrschten in Palästina die Seleukiden, eine griechisch geprägte Nachfolgerdynastie Alexanders des Großen, die eine entschlossene Hellenisierungspolitik betrieb, erbittert bekämpft vom gegnerischen jüdischen Clan der Makkabäer. Als der Seleukidenkönig Antiochus IV. im Krieg gegen die Aufständischen im Tempel von Jerusalem ein Schwein opfern ließ, war der Tempel unrein, und die siegreichen Juden mussten ihn neu weihen. Der Legende nach fanden sie ein einziges Kännchen koscheres Öl, und durch ein Wunder Gottes reichte es acht Tage lang, bis der Tempel rein war. „Diese Lichter zünden wir an ob der Wunder, Siege und allmächtigen Taten, welche du für unsere Väter vollbracht hast durch deine heiligen Priester", beten gläubige Juden zu Chanukka.

Dass jüdische Kinder zu Chanukka beschenkt werden, hat seine Wurzeln im Mittelalter, im frühen, konfliktträchtigen Nebeneinander von Juden und Christen. In der Enge der Städte, die noch dunkel waren, beobachteten die jüdischen Kinder, wie ihre christlichen Altersgenossen beschenkt wurden, und forderten auch Geschenke, ganz zu recht.

Wohltätige Todesfallen

Punschstandln: in den vergangenen zwei Dezennien entstandener Adventbrauch. In den Zentren der Städte werden auf Initiative wohltätiger bourgeoiser Vereinigungen Punsch und Glühwein, manchmal auch Imbisse, zu guten Zwecken verkauft. Scheinbare andauernde Nüchternheit beim Genuss des Heißgetränks erweist sich in der Folge oft als Kapitalrausch.

Ich weiß nicht, ob diese Zeilen meine Leser erreichen. Sie kommen, sagt mir mein Hirn, viel zu spät. Mein Hirn sagt mir das ganz langsam. Wort für Wort.

Es ist etwas dazwischengekommen, zwischen mich und die Fähigkeit des Schreibens. Ich habe gestern getrunken, oh, zu viel. Zu viel für einen Abend, zu viel für zwei, genug für viele Wochen. Vielleicht auch gar nicht zu viel, sondern bloß das Falsche. Ich wollte das nicht. Es hat sich ergeben. Ich habe diesen Bekannten getroffen. Er stand vor dem vereinbarten Café. Kein Platz, sagte er. Drinnen saßen Hunderte Menschen in Mänteln und mit Sackerln.

Dasselbe im zweiten Café. Nichts anderes im dritten. Schließlich sagte mein Bekannter mitten auf der dämmrigen Fußgängerzone: „Geh, trink' ma doch hier was."

„Nein", begann ich, „bitte nicht hier. Ich habe", sagte ich, „das noch nie ausgehalten. Erstens dieses Gesöff. Zweitens die langsam in die Hemmungslosigkeit gleitenden Bürohengste und -stuten."

„Also bitte, sei", sagte mein Bekannter, „jetzt bitte kein Dogmatiker." Wir tranken den ersten Becher, und, ich muss sagen, er ging ganz gut runter. Wir besprachen unser Thema, dann noch ein, zwei andere. Büroschluss, Hengste und Stuten, gut gelaunt, erschienen tatsächlich an unserer Seite, eigentlich eh nett, fand ich.

Ein kalter, klarer Winterabend. Vielleicht, sagte mein Bekannter, gibt es Schnee. Er bestellte zwei weitere Becher, links neben mir erzählte eine Frau im Strenesse-Mäntelchen einen banalen Witz. Ich musste lachen. Jetzt kommt das alte Problem, sagte mein Bekannter, wo geht ma hier aufs Häusel? Er machte sich auf die Suche. Ich erzählte der Frau im Strenesse-Mäntelchen meinerseits einen banalen Witz. Sie und ihre Bekannten mussten lachen. Wir einigten uns auf die Bestellung einer, später einer zweiten Runde von Bechern. Mein Bekannter kam nie zurück. Er sagt zwar, er wäre zurückgekommen, ich hätte ihn aber nicht mehr erkannt. Er sagt, er habe mich den ganzen Weg von einer Statue

Johannes Gutenbergs, wo ich meine Notdurft hätte verrichten wollen, bis zu meinem Haus gebracht. Er sagt das zwar, aber er muss lügen. Es geht mir nicht gut.
Eine andere Bekannte sagte mir am Telefon: Trink dieses Zeug einmal im kalten Zustand, dann tust du's nie mehr wieder. Gar nicht gut geht es mir: Dieser Text wird vielleicht meine Leser nie erreichen. Jetzt weiß ich es wieder: Von Punschstandln im Advent sollte er handeln.

Baum der Erkenntnis

Christbaumkaufen:
in den letzten beiden Wochen vor dem Heiligen Abend je nach Philosophie eher früher oder später angesiedeltes vorweihnachtliches Ritual. Der Christbaumkauf ist die moderne Folgetradition zum Christbaumschlagen und gruppiert sich mit dem darauf folgenden Christbaumschmücken und dem finalen Christbaumilluminieren zum Dreigestirn österreichischer Hoch-Festlichkeit.

D. ist mein Lektor am nunmehr vierten Roman und mein guter Freund. Uns verbindet viel: unsere Arbeit im Besonderen. Allgemein die Literatur, ja, klar. Aber auch heimliche Liebe zu Lemmy Kilmisters Heavyrock-Zerstörern Motörhead sowie Wertschätzung für dalmatinische Küche und Rotweine. Uns verbinden zudem hunderte gemeinsame Bekannte und ein periodisches Bedürfnis, sie alle auszurichten. Das heißt: D. und ich müssen einander öfter mal treffen, die Anlässe, bei denen wir beruflich zusammenkommen, reichen niemals. Wir nehmen also jeden neuen Grund für ein Rendezvous gerne an, und meistens haut das auch hin. Nur letztes Jahr, knapp vor Weihnachten, hat ein Treffen nicht geklappt. Es scheiterte an etwas ganz Banalem und doch Grundsätzlichem. An der Christbaumkauf-Philosophie. D., damals noch vor der Hochzeit stehend, wollte mit seiner Liebsten einen ersten klassischen Weihnachtsabend hinlegen.

„Sag einmal", rief er mich an, „wann und wo kaufst du deine Christbäume?" „Ganz klar", sagte ich. „Du musst dich einen, höchstens zwei Tage vor dem 24. auf die Suche machen. Dann rücken die endlich die feistesten Tannen heraus. Wir nehmen", fügte ich hinzu, „einen Markt, der gerecht zwischen unseren Wohnungen liegt."

„Ja?", machte D.

Ich hätte den Zweifel in seiner Stimme hören sollen. Aber ich war taub. Ich wähnte ihn fälschlich und von vornherein dort, wo auch ich bin: im Lager der Christbaum-Hasardeure, jener Drahtseil-Nervigen, die genau wissen, was Sache ist: Die besten Bäume gibt es ganz am Schluss. Sie sind frisch aus dem Wald, werden noch ewig nicht nadeln und am Heiligen Abend so duften, wie Weihnachten duften soll. Wie treu sind deine Blätter, stimmt schon, aber immer vorausgesetzt, man kauft spät.

Ich glaube, dass ich D. am 20. anrief, um mir etwas für den übernächsten Tag auszumachen. „Mein Lieber, es tut mir ja so leid", sagte er. „Was?", fragte

ich. „Weißt du, vor fünf Tagen, nur zwei Gassen von unserem Haus, ist diese kleine Tanne gestanden. Es war Liebe. Und sie passt genau in unser Eck.“ „Aha“, sagte ich. Sonst nichts. Abgründe tun sich auf, heißt es einmal beim Qualtinger.
Heuer ist D., mein immer besserer Freund, auch noch Vater geworden. Noch etwas also verbindet uns. Aber ich muss trotzdem mit ihm reden. Seit einem Jahr. Ich verschiebe es, weiß aber, ich muss es tun. Es wird um Philosophie gehen, um Gelassenheit, um Weihnachten und den dazugehörigen Baum. Diesen Baum der Erkenntnis.

Inhalt

Mai

Juni

Juli

August

September

Oktober

November

Dezember

Der Druck dieses Buches wurde unterstützt
von der Kulturabteilung der Stadt Wien,
dem Land Tirol und Kapsreiter

www.deuticke.at

Typografische Gestaltung, Satz:
Veronika Molden; s.wahr™; typic®/wolf
Lektorat: Christopher Dietz
Umschlaggestaltung: Veronika Molden
Illustrationen: Helmut Pokornig
Druck: Ueberreuter Buchproduktion, Korneuburg
Printed in Austria
ISBN 3-216-30704-2